초딩,
철학을 말하다

초딩, 철학을 말하다

글 김철홍 그림 김세진

살림어린이

　미래 사회는 국가 간 교류가 급속히 확산되고, 지식의 생성·소멸 속도가 가속화되는 글로벌 지식 기반 사회입니다. 글로벌 지식 기반 사회에서는 다양한 문화에 대한 소통과 이해, 그리고 지식을 창출하고 활용할 줄 아는 창의적 능력이 요구됩니다. 이에 교육과학기술부는 미래의 주역인 우리 학생들의 소질과 특성, 잠재력을 키울 수 있는 창의·인성교육 확산에 힘을 쏟고 있습니다.

　창의·인성교육에 있어서 누구보다 전문성을 가지고 계신 분들은 바로 교육 현장에서 직접 아이들을 지도하시는 선생님들이 아닐까 합니다. '선생님 저자 되기 프로젝트'는 선생님들이 교육 현장에서 체득한 창의적 교수법과 생생한 노하우를 동료 교사들과 함께 나누고, 철학·역사·과학·녹색성장·시민교육 등 다양한 분야의 재미있는 학습 길잡이가 되고자 진행된 사업입니다.

　프로젝트의 결실로서 열여섯 권의 책이 발간되었습니다. 저자가 되신 열다섯 팀의 선생님들께 진심으로 축하의 말씀을 드립니다. 바쁜 학교생활 속에서도 시간을 쪼개 좋은 책을 써 주신 선생님들과 책을 출간해 주신 출판사, 한국과학창의재단 관계자께도 심심한 감사의 말씀을 드립니다.

　이번에 출간된 책들이 창의·인성교육을 실천하고자 하는 전국의 모든 선생님, 교과서를 벗어나 새로운 지식 탐구를 하고자 하는 학생, 그리고 자녀 교육에 관심이 많은 대한민국 학부모님에게 많은 도움이 되리라 믿습니다.

　앞으로도 '선생님 저자 되기 프로젝트'를 계속적으로 진행하여 창의·인성교육을 활성화하고, 대한민국의 미래인 우리 아이들이 각자의 꿈을 키워 갈 수 있도록 지원하겠습니다. 감사합니다.

교육과학기술부 장관

이주호

경제협력개발기구에서 제시한 21세기 학교 교육의 목표는 뭘까요? 바로 어린이 스스로 개인과 사회, 나아가 세계 속에서 참여하며 문제를 해결하고 공존의 가치를 지향하는 역량을 키우는 것입니다. 어떻게 문제를 해결해야 하는지 어린이 스스로 분석하는 사고력과 통합적으로 바라보고 종합할 수 있는 판단력, 창의적 문제 해결력 함양하기가 핵심입니다. 이것이 바로 어린이 철학 교육의 목적이며 통합논술 교육의 주제이기도 합니다.

이에 따라 현재 우리나라에서도 책 읽기 열풍과 함께 통합논술, 서술형·논술형 평가 확대 등 기존 교육 과정과 다른 형태의 교육이 떠오르고 있습니다. 이런 새로운 형태의 교육 과정은 고차적 사고, 특히 창의적 사고와 비판적 사고의 함양에 초점이 맞추어져 있습니다. 창의적 사고와 비판적 사고는 동전의 양면으로, 어느 한쪽이 없으면 다른 쪽도 존재할 수 없습니다. 창의적 사고에는 시시비비를 따질 수 있는 비판적 사고가 뒤따라야 합니다. 비판적 사고는 논리적·분석적·반성적 사고를 포함합니다. 이들 모두는 철학적 사고의 유형입니다.

이 책은 이러한 철학적 사고를 함양하기 위해 쓴 어린이 철학 이야기입니다. 어린이 철학 교육은 어린이와 교사, 어린이와 부모, 어린이와 어린이 상호 간 대화와 토론으로 이루어집니다. 대화와 토론의 각 주제는 일상생활에서 얼마든지 일어날 수 있는 이야기를 담고 있습니다. 함께 모여 토론하고 자유롭게 비판하면서 개인의 자유와 공동체의 역할도 함께 정립할 수 있을 것입니다. 이제는 어린이들 스스로 문제를 고민하고 해결하도록 해야 합니다. 소크라테스는 제자가 스스로 진리를 찾을 때까지 끊임없이 질문을 던지면서 토론하는 대화법을 썼습니다. 이런 소크라테스의 대화법을 빌려 토론하는 동안 아이들은 자신의 주위를 둘러싼 타인과 사회, 더 나아가 세계에 대해 관심을 기울이고, 사려 깊은 판단과 올바른 가치관을 형성할 수 있을 겁니다.

이 책이 완성되기까지 많은 도움을 준 한국과학창의재단과 박춘성 과장님, 정서연 작가님 그리고 살림출판사 모든 직원들에게 감사의 마음을 전합니다. 무엇보다 묵묵히 제 곁에서 아이와 가정을 지켜 준 아내와 사랑하는 딸 은서, 아들 윤서에게 이 책이 자랑스러운

선물이 되었으면 합니다. 더불어 많은 학생들이 철학에 관심을 가지고 자기 삶의 주인공이 되어 미래에 풍부한 삶을 즐길 줄 아는 사람으로 자라길 기원합니다.

거제 양지초 교정에서
만리향 향기를 맡으며
김철홍 씀

차례

추천사 … 4
프롤로그 … 6

제1주제 눈에 보이는 것은 모두 진실인가? … 10
최초의 철학자, 탈레스 … 35

제2주제 모든 것을 의심해 보기 … 37
왕의 귀를 물어뜯은 현인, 제논 … 64

제3주제 어떤 삶이 더 가치 있는가? … 66
서양철학의 아버지, 소크라테스 … 96

제4주제 행복하다는 것은 즐겁다는 것인가? … 98
개와 같이 자유로운 삶, 디오게네스 … 121

제5주제 계산한다는 것은 생각한다는 것인가? … 123
근대 과학의 선구자, 뉴턴 … 146

제6주제 과학기술의 발전이 인간을 행복하게 하는가? … 148
다양한 모습의 철학자, 루소 … 175

제7주제 인간과 자연을 행복하게 하는 과학 기계 구상하기 … 177
코페르니쿠스적 전환, 칸트 … 199

제8주제 국가는 개인의 적인가? … 201
헤겔을 싫어한 염세주의자, 쇼펜하우어 … 221

제9주제 정의를 위한 폭력은 정당한가? … 223
위대한 어머니의 가르침, 아인슈타인 … 253

제10주제 절대자 되어 보기 … 255
스승을 제자로 만든 철학자, 비트겐슈타인 … 275

에필로그 … 277

제1주제 눈에 보이는 것은 모두 진실인가?

　아침부터 전쟁이다. 6학년이 되었다고 다들 얼마나 우쭐거리는지……. 특히 난쟁이 똥자루 삼인방은 마치 송사리 떼처럼 몰려다니며 온갖 일에 간섭하고 참견했다. 그중에서도 여학생 별명 짓기, 여학생 놀리기, 말싸움에서 지지 않기가 단골 메뉴였다.

　"야야! 조용히 좀 해라. 너희들이 꽁치 떼냐? 아니면 송사리 떼냐?"

　오늘따라 유난히 시끄러웠는지 재옥이가 한마디 했다. 그러자 명곤이가 "같은 남자끼리 친하게 지내자." 하고 재옥이의 어깨에 손을 올리며 재옥이를 놀렸다. 이 모습을 본 남학생들은 배꼽이 빠져라 웃어 댔다. 그러자 재옥이는 명곤이의 정강이를 세게 걷어차 버렸다.

"아이고, 아파라. 야! 재옥아, 그러니까 네가 남자인 거야."

명곤이는 정강이를 부여잡고 깡충깡충 뛰면서 도망쳤고 재옥이는 큰 덩치를 쿵쾅거리며 명곤이를 잡으러 다녔다. 그 모습을 본 석훈이와 민찬이는 눈총을 주었다.

"야, 그래서 네 별명이 터프 걸이야, 알겠냐? 우리가 별명 하나는 잘 지었지. 크크크."

"내가 터프 걸이라는 것 인정하지. 그러나 사실 나도 알고 보면 연약한 여자야. 천사라고나 할까? 호호호. 안 그러니, 얘들아?"

"그렇지, 재옥아! 너는 천사야. 악당을 물리치는 우리들의 수호천사. 난쟁이 똥자루여 각오하라!"

재옥이의 말에 은휘와 지혜가 인정한다는 듯 박수를 쳤다.

"천사? 야! 날개 없는 천사도 있냐?"

1분단 제일 뒤에서 한슬이가 손으로 턱을 괴고 졸린 듯 한 표정으로 한마디 했다.

"책만 보는 꼼생이가 웬일? 그리고 천사라고 꼭 날개가 있어야 하나?"

"이런, 날개가 없으면 신과 인간 사이를 어떻게 날아다니지?"

"왜, 날아다녀? 그리고 사람처럼 생긴 천사들도 많아."

"어디? 그런 천사가 어디 있지?"

"야, 책 좀 봐라. 천지다. 영화에도 가끔 등장하지."

천사의 날개를 놓고 시작된 재옥이와 한슬이의 말싸움은 교실 전체로 퍼져 교실은 시끄러운 시장판이 되어 버렸다.

"천사? 그런 게 어디 있어? 교회나 성당에나 있지."

"아니지, 그리스·로마신화에도 천사는 있지."

"맞아, 꼭 기독교에만 있는 게 아니지. 절 입구에 들어가면 제일 처음 나오는 문에 있는 사천왕도 어쩌면 부처님을 보호하는 천사라고 볼 수 있지. 안 그래?"

동그랗게 둘러앉은 아이들은 이제 천사의 유래, 종교별 천사의 종류까지 들먹이며 온갖 상식을 동원해 누가 먼저랄 것도 없이 큰 소리를 내질렀다.

"야! 천사 같은 소리하고 있네. 천사는 존재하지 않아. 다 인간이 만든 가짜야."

재길이가 시끄럽다는 듯 말했다. 그때 명곤이가 간단히 답을 내버렸다.

"재옥아, 네 말은 틀렸다. 천사는 날개가 있을 수도, 없을 수도 있다. 그런데 너는 반드시 있어야 한다. 안 그러면 떨어져 죽는다."

"우하하하."

남학생들은 명곤이의 말에 배꼽이 빠져라 웃었고 재옥이는 가만 안 둔다며 다시 명곤이를 잡으러 온 교실을 뛰어다녔다. 그때 무겁

고 날카로운 목소리가 들렸다.

"어이, 촌놈들!"

언제 들어왔는지 선생님이 안경을 번뜩이며 교실 한가운데 서 있었다. 아이들은 서둘러 자리에 앉고 책 펴는 시늉을 했다.

"에이, 선생님. 촌놈, 촌놈 하지 마세요. 진주나 거제나 도토리 키 재기잖아요?"

난쟁이 똥자루 삼인방 중 하나인 민찬이였다.

"야, 그런데 선생님이 뒤에서 들어 보니 천사 문제로 시끄럽더구나. 다시 물어보자. 애들아! 천사는 날개가 있니, 없니?"

"……있지 않아요? 있지 않나?"

"날개가 없으면 그게 천사냐?"

지혜의 말에 명곤이가 핀잔주듯 퉁명스럽게 대답했다.

"그런데 천사가 있나?"

"있지."

재길이의 말에 두철이는 단호하게 있다고 말했다.

"두철아! 너는 천사가 날개가 있다는 것을 어떻게 아니?"

선생님이 되물었다.

"있잖아요, 봤어요."

"정말로 봤어? 직접?"

선생님이 다시 묻자 두철이는 말이 없다. 잠시 뜸을 들이더니 책을 보면 나온다고 했다. 소라는 "텔레비전에서도 천사들한테 날개가 있던데……."라며 알쏭달쏭한 표정을 지었다.

"어, 그래? 텔레비전 어디에서 봤어?"

선생님의 질문에 소라는 얼굴을 붉히며 영화에서 보았다고 했다. 아이들은 날개가 그려진 천사의 모습을 어렸을 때부터 보아 왔다. 선생님은 손으로 턱을 괸 채 무언가를 골똘히 생각하더니 갑자기 손가락을 '탁' 튕겼다.

"야, 이거 어린이 철학 주제가 되겠는걸?"

"어린이 철학요?"

"그래, 어린이 철학. 음, 어디 보자, 얘들아! 철학이 뭘까?"

"점 보는 것."

"오호! 은휘야! 어디서 철학이란 것을 본 적이 있니?"

"시내에 가면 점집에 '철학관'이란 간판이 있어요."

"점과 아주 조금 관련 있을 수도 있지. 하지만 아닌데……."

"철이니까 쇠를 다루는 학문이네."

"철강이나 쇠로 배 만드는 것."

"야! 그건 조선소잖아. 하하하, 바보들."

스스로 생각해도 우스운지 아이들은 자기들끼리 배꼽을 잡고 웃었다.

"야, 녀석들아! 그럼 포항이나 광양에선 철학이 '제철소'냐?"

"그렇지요, 선생님. 하하하."

선생님의 농담에 아이들도 농담으로 맞받아치며 웃었다. 선생님은 칠판에 한자와 영어로 글을 쓰기 시작했다.

"철학이란 한자로는 '哲學'이고 영어로는 'philosophy'라고 하지. 밝을 철(哲), 배울 학(學)이니, '밝은 학문'이 되겠네. 영어로 '사랑'이라는 'philos'와 '지혜'라는 'sophia'가 결합된 단어니까 '지혜에 대한 사랑'이란다. 쉽게 말해 철학은 인생, 세계, 인간, 사회의 근원에 대해 연구하는 학문이야."

아이들은 고개를 끄덕거렸다.

"그런데 너희들 혹시 소크라테스라는 사람 들어 봤니?"

"아이참, 선생님, 지금 우리가 촌놈이라고 무시하는 거예요?"

"크크크, 촌놈? 그럼 무슨 일을 한 사람이냐?"

"옛날 그리스에서 뭐 '악법도 법이다.'라고 하면서 죽은 사람!"

"또 '너 자신을 알라.'라고 했던 사람!"

"어이구야, 똑똑하네. 그래, 소크라테스는 철학자란다. 말하자면 일종의 지식인이지, 지혜로운 사람. 그래서 철학자들은 이 세상 모든 것에 관심을 가지고 그 근원을 탐구하지. 실제 모든 학문의 근원은 철학에서 나온단다. 너희들이 잘 알고 있는 과학은 약 500여 년 전에 철학에서 분리되었지만 정치학, 사회학, 심리학, 경제학 등은 분리된 지 불과 일이백 년도 안 된단다."

"아, 그러면 철학이 대장이네요?"

"그렇지! 그래서 독일의 철학자 칸트는 '철학은 학문의 여왕이다.'라고 했잖아."

아이들 사이에서 웅성거리는 소리가 들렸다. 철학이라는 학문 자체도 생소할뿐더러 많은 학문이 철학에서 떨어져 나왔다니 도무지 믿기지 않는 모양이다.

"수학도 그래요?"

영수가 아주 궁금한 양 말했다.

"그렇다고 볼 수 있단다. 처음 그리스의 자연철학자들은 모든 것에 관여했지. 피타고라스는 수학사에서도 중요하지만 그는 철학자이기도 해. 실제로 수학의 역사와 철학의 역사가 많은 부분 공유되고 있단다. 근대 철학의 아버지 데카르트는 철학자이지만 대수학을 만든 사람이란다. 철학자 라이프니츠는 수학 미적분학의 창시자로 알려져 있으며 수리논리학의 기초를 놓은 사람이지. 현대에 와서도 버트란트 러셀 같은 사람은 철학자도 되지만 수학자도 된단다. 물론 과학자도 되지."

"헤헤, 그런데 선생님은 우리 보고 수학이 중요하다고 하면서 학문의 대장인 철학은 왜 과목이 없어요?"

또 민찬이다. 언제나 따지기 좋아하는 녀석이다.

"철학이 아주 중요한 학문이지만 국가 교육 과정으로 채택되지는 않았단다. 다만 도덕 교과에 보면 철학과 관련된 내용이 많이 있지. 이제부터 너희들도 철학이 얼마나 재미있고 미래를 살아가는 데 유용하게 쓰이는지 알게 될 거야. 그게 선생님의 목적이야. 너희들에게 현명한 판단력, 비판정신과 종합적 사고력, 합리적인 선택을 하는 능력, 세계시민으로서의 자질 같은 것을 길러 주는 것. 후후후, 어렵지?"

"……."

아이들은 말이 없다. 선생님이 무슨 말씀하시나 싶은 것이다.

선생님은 교탁에 손을 올려 턱을 괴고서는 허공을 보면서 굉장히 궁금한 표정으로 물었다.

"그런데 애들아? 하나 물어보자. 지구가 도는 게 맞니?"

"돌잖아요. 지구의 자전, 상식인데……."

"공전도 있잖아?"

한슬이의 말에 영수는 자기는 한 가지 더 안다는 듯 크게 말했다.

"그래? 맞아. 똑똑한데? 그러면 영수 너는 지구가 돈다는 것을 어떻게 알았지?"

"책에 쓰여 있잖아요. 배웠잖아요. 그리고 텔레비전에서도 그랬지?"

영수는 아이들에게 확신과 동조를 요구하는 눈짓을 보냈다.

"맞네. 여기 보고서를 보면 갈릴레이도 그랬다고 하잖아."

아이들도 거든다.

"책이나 텔레비전 말고는?"

"……."

아이들의 대답이 없다. 선생님은 야릇한 미소를 띠고 다시 물었다.

"그래. 너희들은 이미 많은 것들을 보고 경험했구나. 자, 내일 3교시에 있을 어린이 철학 토론 자료다. 집에서 읽어 보고 곰곰이 생각해서 자신의 주장을 한번 펼쳐보자."

경험으로 아는 것이 모두 진리인가?

영국의 경험주의 철학자 프란시스 베이컨은 "아는 것이 힘"이라고 했습니다. 그런데 우리 인간의 지식은 여러 가지 방법으로 알 수 있고 축적됩니다. 철학자들은 '우리가 안다는 것'과 '지식'이라는 단어는 이성으로 판단할 수도 있고 경험으로 판단할 수도 있다고 합니다. 삼각형의 세 각을 합하면 180도라는 것은 경험으로 아는 것이 아닌 이성으로 바로 알 수 있는 수학의 공리입니다. 그리고 이는 경험으로도 우리가 수학 시간에 증명할 수 있습니다. 종교를 믿는 사람도 '신의 존재'를 경험으로 아는 것이 아니죠.

그러나 인간은 많은 지식을 경험을 통해서 습득합니다. 경험이란 우리가 가지고 있는 오감인 시각, 촉각, 청각, 후각, 미각으로 알 수 있는 것을 말합니다. 직접적 경험으로는 여행, 체험활동, 생활 스포츠 경기

등이 있습니다. 간접적 경험으로는 책이나 컴퓨터, 텔레비전, 또는 선생님이나 부모님 그리고 친구로부터 얻는 것들이 있습니다. 우리는 흔히 경험으로 확인된 사실은 모두 진리라고 생각합니다. 과연 시각, 청각, 후각, 미각, 촉각으로 습득된 지식은 모두 사실일까요?

생각해 보기 1

"해는 동쪽에서 떠서 서쪽으로 진다." "내일은 해가 서쪽에서 뜨겠다." 이런 말이 있습니다. 아침에 태양을 보면 태양은 동쪽에서 떠서 정오에는 우리 머리 위에서 빛나다 해질녘에 서쪽 하늘을 붉게 물들며 집니다. 두 눈으로 본 의심할 여지가 없는 사실입니다.

그러나 이런 경우도 있습니다. 제주에 세워둔 차가 오르막길을 저절로 오르는, 일명 도깨비 도로가 있습니다. 도깨비 도로는 1981년 신혼부부가 택시에서 내려 사진을 찍다가 세워 둔 차가 언덕 위로 올라가는 현상을 목격한 이후 세상에 알려져서 관광명소가 되었습니다.

생각해 보기 2

재호는 오늘 과학 시간에 사슴벌레와 딱정벌레, 무당벌레를 관찰했습니다. 직접 만져 보고 눈으로 살펴보고 그림도 그렸습니다. 직접 보고 그리니 곤충들의 특징을 훨씬 쉽게 이해할 수 있었습니다. 직접 관찰한 후 그려 보니 곤충들의 모습이 너무나 신기하고 놀라웠습니다.

특히 사슴벌레 번데기에서 사슴벌레가 나오는 모습을 보니 자연의 위대함이 느껴졌습니다.

생각해 보기 3

과학 시간입니다. 선생님이 물이 반쯤 든 비커에 젓가락을 넣었습니다. 나무젓가락을 물이 든 비커에 넣어 보면 나무젓가락의 물 윗부분과 물 아랫부분이 표면에서 서로 꺾여 두 개로 보인다는 사실을 알 수 있습니다. 우리는 과학에서 이것을 굴절이라 배웁니다. 나무젓가락은 하나인데 물 밖의 나무젓가락과 물 안의 나무젓가락 중 어느 것이 진짜일까요?

생각해 보기 4

백문(百聞)이 불여일견(不如一見)이라는 말이 있습니다. 백번 듣는 것보다 한 번 보는 것이 낫다는 뜻입니다.

미국에 루스 베네딕트라는 학자가 있었습니다. 미국 정부는 제2차 세계대전의 상대인 일본과 일본인, 그리고 일본 군인들에 대해 잘 몰랐습니다. 전세가 불리한데도 항복하지 않고 자결을 한다든지, 패배를 수치로 여겨 가족과 군인 모두 자결을 하는 것을 보고 정말 이해가 가지 않았습니다. 이에 미국 정부는 베네딕트에게 일본에 대한 연구를 의뢰했고 몇 년간에 걸쳐 작성된 보고서가 『국화와 칼』이라는 책으로 나왔습니다. 이 책이 나오자 미국뿐만 아니라 일본인들도 놀랐습니다. 자신들도 모르고 있었던 특징, 정체성, 집단의식 같은 것을 너무나 정확하게 설명하고 있었기 때문입니다. 그런데 더욱 놀라운 것은 루스 베네딕트가 단 한 번도 일본을 방문한 적이 없었다는 사실입니다. 그는 일본에 대한 방대한 자료와 사료만으로 거대한 대작을 남긴 것입니다.

다음 날 3교시가 되자 선생님은 모둠별로 자리를 배치했다. 아이들은 수업이 어떻게 진행될까 하는 호기심 어린 눈초리를 보내고 있다.

"음, 먼저 개념을 알아볼까? 경험이란 무엇일까? 조사한 사람?"

아이들은 저마다 손을 들었다. 선생님은 항상 소극적인 소라를 가리켰다.

"실제로 보고 듣고 겪는 일, 또는 그 과정에서 얻는 지식이나 기능입니다."

"잘했어. 소라는 시키면 뭐든지 잘하는구나. 다음으로 이성이 뭘까?"

"사물의 이치를 논리적으로 생각하고 판단하는 마음의 작용입니다."

"어, 나와 다르네? 성질이 다름, 남자와 여자로 구별. 그런 뜻인데."

지혜가 혼잣말로 중얼거리자 아이들이 크게 웃었다.

"바보야! 그건 남자와 여자의 구별이고 여기서는 경험의 반대인 정신을 말해야지. 생각 말이다, 생각. 생각 좀 하고 살아라."

"그래, 너 잘났다, 가시나야."

은휘와 지혜는 반에서 제일 친한 단짝인데도 먹을 때를 제외한 모든 일에 언제나 서로 자기가 옳다며 티격태격 말싸움을 한다.

"제가 조사한 바로는 세계와 인생을 지배하는 원리인데요."

"잘 조사하고 발표했어. 그러면 이번 어린이 철학 토론 주제의 문제의식은 뭘까? 무엇을 문제 삼는 거니?"

"우리가 아는 것은 대부분 보고, 만지고, 듣고, 맡고, 느끼는 경험으로 알잖아요. 그런데 그렇게 아는 것들이 과연 사실인가 묻는 거예요."

한슬이가 조용하면서 약간 느린 저음으로 대답했다.

"그래. 한슬이가 문제를 잘 알고 있네. 우리가 아는 것의 많은 부분이 사실 경험으로부터 온단다. 그런데 그런 경험이 과연 우리에게 사실로서 전달되느냐, 그리고 사실이라도 그것이 진리이냐를 따져 보자는 것이지. 자, 그러면 모둠별로 1차 토론을 하도록 하자. 모둠장이 사회자가 되고 각자 오른쪽 방향으로 먼저 자신의 의견을 진술하고 난 다음 서로 토론하도록 하자."

한 모둠에 네 명씩 여섯 모둠이 만들어졌고 아이들은 한 번씩 돌아가면서 자신의 의견을 발표했다. 여섯 모둠이 되니 교실은 장터처럼 시끌벅적했다.

"아니, 그러니까 내 말은······."

아니나 다를까, 또 영수가 먼저 말문을 열었다.

"우리가 눈으로 보는 것이 모두가 사실은 아니라고. 봐라, 나는 아버지하고 제주도에 가서 직접 봤는데, 진짜 차가 언덕을 올라간다. 직접 내려서 확인했단 말이다."

"야, 그럼 너는 이것이 가짜니? 지금 내가 들고 있는 것이 연필이지 붓이냐?"

"그러네. 선생님이 가르쳐 준 것들도 전부 뻥이네. 하하하."

1모둠에서는 영수가 우석이와 은휘의 공격을 받고 핏발이 서 있다.

"아, 무식한 것들······. 이것은 사실이지 연필 맞아. 그런데 틀린 것도 많다는 말이다. 모두가 사실이 아니라고. 저 태양 봐라. 지금은 저 남쪽 하늘 위에 있지만 오후에는 서쪽으로 질 거야. 그런데 너는 태양이 돈다는 이야기 들어 봤니? 우리 눈에는 태양이 분명 움직이고 있잖아. 우리 눈의 한계야. 실제로는 지구가 도는 거라고."

영수는 목에 힘줄이 불뚝 튀어나오도록 큰 소리로 말했다. 큰 목소리 때문에 다른 아이들은 주눅이 들었는지 말이 없었다.

1모둠과 달리 3모둠은 조용하게 토론이 진행되고 있었다. 명곤이를 제외한 모두들 경험으로 아는 것이 많은 부분 사실과 다를 수 있다고 했다. 선생님은 그쪽 토론을 좀 더 지켜보기로 했다.

"그럼, 내가 지금 이 연필로 석훈이 너의 뺨을 찔러 볼게. 아픈지 안 아픈지 확인해라. 아마 안 아플 거야."

명곤이가 또 엉뚱한 문제 해결법을 제시하고 있었다. 글을 쓰거나 그림을 그릴 때도 엉뚱하거나 이상한 방법으로 접근하더니 토론 시간에도 마찬가지였다.

"야, 임마! 나는 싫다. 여기 지혜 찔러라! 살이 많아서 안 아플 거야."

"뭐어? 석훈이! 니, 말 다 했나!"

살이 찐 지혜는 비만 때문에 고민이 많지만 언제나 밝고 명랑한 아이였다. 지혜는 석훈이를 힘껏 꼬집었다.

"아야야."

"이게 사실이 아니라면서, 웬 엄살?"

옆에서 지켜보던 선생님도 석훈이의 겨드랑이를 살짝 꼬집었다.

"아야, 아야. 그만, 그만!"

석훈이의 비명 소리에 아이들은 크게 웃었다. 소라와 지혜도 석훈이의 비명이 즐거운가 보다. 선생님은 소라에게 물었다.

"소라는 어떻게 생각하니?"

"제가 생각하기로는……. 경험으로 아는 것이 모두 진리라고 생각합니다. 그냥 책을 보고 아는 것도 경험이 되지만……. 직접 보고 듣고 느끼며 경험한 것이 훨씬 기억에 오래 남기 때문입니다. 직접 경험하지 않고 책에서 본 것은……. 빨리 잊어버리거든요."

"야, 뜸들이지 말고 해라. 니는 기억만 오래하면 다 사실이냐?"

소라가 답답했는지 석훈이가 핀잔을 주었다.

모둠별로 보니 고함치는 아이, 더 크게 대꾸하는 아이, 웃으면서 장난치는 아이, 물끄러미 친구를 보는 아이 등 각양각색이다. 10분쯤 지나 모둠 토론이 끝나자 선생님은 전체 토론으로 들어가자고 제안했다. 아이들은 선생님의 지시에 따라 사각형으로 자리를 배치했다. 선생님은 중앙에 앉아서 토론을 주재했다.

영수가 손을 들었다.

"우우, 나대기, 또 먼저 시작이야."

항상 먼저 나선다고 아이들은 영수를 '나대기'라고 불렀다. 그런 영수를 두철이가 비꼬아 불렀지만 영수는 신경 쓰지 않았다.

"저는 경험으로 아는 모든 것들이 진리가 아니라고 생각합니다. 그것이 진리이기 위해서는 틀리면 안 되는데 수없이 틀린 사례가 많습니다. 보십시오, 물은 언제나 높은 곳에서 낮은 곳으로 흐릅니다. 차도 마찬가지입니다. 그러나 제주도의 도깨비 도로는 눈으로 보면 분명 시동이 꺼진 차가 낮은 곳에서 거꾸로 언덕을 올라갑니다. 이것은 눈의 착각입니다. 우리의 감각은 착각을 일으키는 경우가 많습니다."

"영수는 몇 가지 실례를 가지고 전체를 말하려고 하는데, 사실 우리가 아는 것들은 대부분 경험으로부터 옵니다. 그것이 사실이 아니라고 한다면 우리가 뭘 배울 수 있겠습니까?"

민찬이가 말했다.

"눈의 착각이라고 했는데, 인간이기 때문에 실수할 수 있습니다. 그러나 또 인간이기 때문에 그것이 착각이고 사실이 아니라고 경험으로 배우지 않습니까?"

은휘도 영수의 주장을 공박했다. 영수도 질세라 은휘의 말에 바로 반론을 제기했다.

"김은휘! 분명히 착각이 사실이라고 했지요? 하나라도 틀리면 진리라고 할 수 없죠."

"저도 영수 주장에 동의하는데요. 저기 비커에 있는 나무젓가락을 보면 굴절되어 있지 않습니까? 사실 젓가락은 곧은데 저것은 물 안과 물 밖이 단절되어 있잖아요? 어느 것이 진짜입니까?"

재길이가 영수의 말에 동조하자 이번에는 은빈이가 반격했다.

"둘 다 진짜지요. 물 밖이나 물 안이나. 그것이 사실이잖아요. 물 안에서 굴절되었기 때문에 그렇게 보일 뿐이지 둘 다 똑같은 젓가락이죠."

아이들이 사실과 진리를 혼돈하고 있다고 생각한 선생님은 개념 정의가 필요함을 느꼈다.

"잠깐, 너희들이 사실과 진리를 약간 혼돈하고 있구나. 사실은 실제로 이루어진 일이나 일어난 일이야. 즉 눈에 보이는 현상 그대로지. 그것이 사실인지 아닌지의 판단은 인간의 관찰로부터 나온단다. 도깨비 도로도 차가 거꾸로 가는 것이 눈에 그렇게 보이니 사실이라고 할 수 있지. 그런데 그 사실이 진리로서 의미를 가지는지 아닌지는 여러 가지 분석과 과학적 관찰과 실험이 동반돼야 하겠지. 예를 들어 '인간은 동물이다.'라는 명제가 있으면 이 명제는 진리이고 '인간은 식물이다.'라는 명제는 거짓이잖아. 명제는 반드시 참이든지 거짓이든지 둘 중의 하나란다. 이렇게 참인 명제를 통한 판단이 지식이고, 지식은 참이기 때문에 지식이 되는 것이야. 지식은 인간의 경험적 판단 위에 있단다."

지혜는 머리카락을 쥐어 비틀었다.

"아이고, 머리 아파. 경험이 어쩌고, 사실이 어쩌고, 왜 이렇게 어려워? 아, 토론 싫다. 철학 싫어."

지혜는 토론이 갑갑하고 어렵게만 느껴졌다.

"어째 저리 이름이랑 다를까? 그냥 이름도 윤지혜 말고 돌지혜로 해라, 돌지혜!"

명곤이가 핀잔을 주었다.

"우리가 경험한 것들은 모두가, 아니 전부 사실이 아니라면, 우리는 어디에서 무엇으로 진실과 진리를 찾죠? 학교에서 배우는 것도, 그리고 교과서에 있는 것도 틀릴 수 있는 거잖아요."

토론 시간 내내 아이들 발언을 듣고 있던 선영이가 심각하게 말했다.

"틀릴 수 있죠. 그리고 모두가 사실이 아니지는 않습니다. 많은 것들은 사실이나 틀린 사실도 많다는 거예요. 우리가 인간이기 때문에 실수할 수도 있고, 우리의 감각이 착각할 수도 있는 것입니다. 그리고 외부에서 틀린 정보를 우리가 맞다고 받아들일 수도 있는 거예요."

수빈이는 아주 논리적으로 경험의 한계를 지적했다. 선생님은 모르는 척 다시 물었다.

"그러면 우리의 감각이 착각이거나 한계를 지닌 경우 말고, 잘못된 정보로 인해 경험이 틀리는 경우는 없을까?"

"우리가 받아들이는 많은 사실들이 대부분 외부에서 들어오는 것이 많습니다. 즉, 책이나 잡지 또는 선생님이나 주위 사람들, 그리고 요즘은 대부분 텔레비전에서 많은 정보를 얻지요. 그런데 그런 정보를 우리는 대부분 사실이라고 믿습니다. 예전에 미국이 이라크 전쟁 때 영웅으로 내세웠던 제시카 린치 일병의 예를 보면, 정부와 언론에서 거짓으로 영웅 만들기를 했지만 시청자는 그런 진실도 모르고 뒤늦게서야 그것이 거짓인 줄 알았습니다. 이렇게 사실을 왜곡해 버리면 우리는 틀린 것을 진실인 양 받아들이게 됩니다."

은빈이가 수빈이와 마찬가지로 경험을 의심해야 한다고 말하자마자 두철이가 바로 반론을 제기했다.

"그럼 텔레비전 뉴스에서 하는 말들이 틀린 거야? 제시카 린치 이야기가 틀렸다는 사실도 텔레비전 보고 안 거잖아?"

"토론할 때는 상대방에게 높임말을 쓰십시오. 이건 약속입니다."

아이들은 두철이의 말에 즉각적으로 반응했다. 두철이는 짜증이 났지만 어쩔 수 없었다.

"토론할 때는 서로가 상대방에게 다른 주장을 하면서 의견을 모아 가는 것이기 때문에 서로 따지다 보면 얼굴을 붉힐 때가 많단다. 그러면 말싸움이 나서 서로 오해가 생기는 것이지. 그래서 토론할 때 제일 중요한 것이 상대방을 존중하는 거란다. 그걸 위해 토론할 때는 꼭 존칭을 사용하자."

두철이는 선생님 말씀에 실실 웃으면서 "예!" 하고 대답했다.

"그런데 선생님은 왜 존칭을 안 쓰세요?"

민찬이의 갑작스런 질문에 선생님은 할 말이 없었다. '아니, 저녀석이 사람 무안하게……'

선생님은 "가급적 너희들 토론에 끼어들지 않으려고 하니, 선생님은 없다고 생각하고 토론해라!"라면서 얼버무렸다. 그때 재길이가 자신의 입장을 얘기했다.

"텔레비전 뉴스도 기자가 전하는 것이니까 틀릴 수도 있는 것입니다."

"야! 그러면 기자도 아니네요."

"그리고 이건 기자가 그런 것이 아니고 방송국에서 그랬다는 겁니다. 일부러……"

"왜 그래요? 방송국에 무슨 좋은 일 있다고……"

은휘가 자꾸 딴죽을 걸자 재길이는 뭔가 안다는 듯 대답했다.

"정부에서 시켰겠지!"

"그걸 왜 시켜. 언론은 정확해야 하는데……"

재길이와 은휘의 토론을 듣고 있던 터프 걸 재옥이가 심각하게 중얼거렸다.

"국가의 이익을 위해서 그랬겠지."

"어떤 이익이야?"

은휘는 재옥이의 말을 이해할 수 없다는 표정을 지었다. 지금 아이들은 감각의 한계라는 주제를 사회정치적 문제로 틀고 있지만 선생님은 그냥 계속 지켜보기로 했다. 이번에는 민찬이가 자신의 입장을 펼쳤다.

"미국이 이라크를 공격하는 것은 미국 자체로 볼 때는 전쟁입니다. 즉 이겨야 되는 것입니다. 우리 아버지께서 그러시는데 미국이 일부러 영웅을 만든다고 했어요. 전쟁영웅이요. 군인과 국민들의 사기를 높이기 위해서요."

석훈이가 민찬이에게 물었다.

"그러면 지금 벌어지고 있는 텔레비전 소식은 어디서 오는 거야? 우리나라 기자가 직접 가서 찍은 거야? 아니면?"

"우리나라 기자가 직접 찍은 것도 있지만 대부분 미국의 유명한 방송국인 CNN에서 제공한 방송을 보내는 거래."

재길이는 팔짱을 끼고서는 자신이 많이 안다는 듯 심각한 표정으로 천장을 바라보았다. 우석이도 설마 텔레비전이 시청자를 속일까 싶어 선생님께 물었다.

"어? 선생님, 그러면 그 방송사가 미국의 국익을 위해 사기를 치면 우리는 틀린 내용을 맞다고 알 수도 있겠네요."

"그렇겠지. 꼭 미국 방송뿐 아니라 우리나라 방송도 반드시 진실을 전달한다고만은 볼 수 없지.

"야! 세상에 믿을 것 하나도 없네."

두철이가 웃으면서 말했다. 토론이 끝나가는 것 같아 선생님은 시계를 슬쩍 보았다. 10분 정도가 남았다. 마무리를 해야 했다.

"지금부터 400여 년 전 프랑스에 데카르트라는 철학자가 있었단다. 그 사람은 우리가 경험할 수 있는 감각이 자주 우리를 속인다고 보았지. 자신이 지금 꿈꾸고 있는지 깨어 있는지 구별할 수 없다면서 말이다. 장자도 그랬단다. 어젯밤 꿈을 꾸었는데 내가 나비가 된 건지 나비가 내가 된 건지 알 수 없다고 말이야. 가끔 우리도 이와 같은 착각을 자주 한단다. 어쩌면 어린이 철학이 너희들을 쉽게 착각하지 않을 사람으로 만들지도 모르겠네. 아까 토론해 보았지만 어떤 경우는 사실처럼 보이더라도 그것이 진실이 아닐 수 있단다. 우리는 너무나 익숙해져서 그것을 비판적으로 보지 않고 그냥 지나칠 뿐이지. 자세히 분석해서 보면 거짓인 경우가 많단다. 모든 책이나 뉴스나 방송이 전부 사실 또는 진실만 전달하는 것은 아니란다. 그것이 진실인지 아닌지는 오직 너희들의 비판적 접근과 명석한 판단에 달려 있지. 사실 선생님이 너희들에게 어린이 철학을 가르치는 이유는 어떤 대상이나 상황을 접할 때 항상 비판적으로 분석해서 생각하고 행동하는 아이들이 되었으면 하는 바람에서란다."

아이들은 모두 말없이 선생님만 보고 있는데 석훈이가 물었다.

"선생님, 그래서 이번 주제의 결론이 뭐예요."

"그래요. 답이 뭐예요?"

아이들은 자신의 주장이 옳은지 그른지가 중요했다.

"이걸 어쩐다. 답이 없는데……. 눈에 보이는 것은 모두 사실일 수 있고 거짓일 수도 있는데……."

"우우, 그게 뭐야……."

아이들은 입이 뾰족하게 튀어나오도록 야유를 했다.

"하하하! 얘들아! 미안해! 첫 시간이라 아직은 철학이 뭔지 잘 몰라서 어려울 수도 있어. 하지만 오늘 어린이 철학 시간을 통해서 여러 가지 사실을 토론하고, 자신의 의견을 관철시켜야 할 때는 어떻게 상대방을 설득시켜야 하는지 알아보았어. 내 의견에 오류는 없는지, 그리고 내 주장이 어느 정도의 사실과 진실을 갖추고 있는지, 다음으로 상대방의 의견이나 주장이 적절한지, 무슨 오류를 지녔는지, 그리고 상대방의 논거가 확실하다면 나와 어떻게 타협점을 찾을 것인지도 살펴보았어. 그래, 서로 토론하고 따지니까 재미는 있었니?"

"우우우!"

아이들의 목소리는 불만에 가득 차 있었다. 아마 한 시간 동안 토론으로 수업을 한 것은 처음일 것이다.

"자 '생각과 토론 정리'를 각자 완성하도록 해라!"

아이들이 글을 쓰는 동안 선생님은 교실을 돌아다니면서 아이들의 글쓰기를 지도했다. 아이들이 연필을 잡고 골똘히 생각하고 있을 때 교실에서 웅성거리는 소리가 들렸다.

"악! 이거, 무슨 생선 썩는 냄새야! 누구야?"

"윽, 야! 이게 누구 거야……? 혹시 우석이 아냐?"

"내 아냐 임마! 생사람 잡지 마라."

"아님 말고. 어, 그런데 왜 얼굴이 빨개지지? 혹시?"

아이들의 비명에 석훈이는 우석이를 의심했고 덩달아 많은 아이들이 우석이를 바라봤다. 우석이는 자신은 아니라고 길길이 날뛰었다.

"이거 어쩌지, 엄청난 경험을 했는데……."

명곤이는 히죽히죽 웃으면서 한마디 뱉었다. 봄바람 때문에 범인은 끝내 밝혀지지 않았다.

갑작스런 화생방 사건이 터지자 아이들은 감각의 중요성을 깨달은 것으로 보였다. 많은 아이들이 경험으로 아는 것이 진리라고 주장한 것이다. 그러다 명곤이의 보고서를 본 선생님은 껄껄껄 웃을 수밖에 없었다. '오늘 토론 중에 깨달은 것이나 다른 생각 쓰기 칸'에 이런 내용이 있었다.

'나의 한 방이 경험에 압승을 가져다주었다.'

유쾌하고 재미있는 괴짜 철학자들

최초의 철학자, 탈레스

탈레스는 세상의 모든 현상을 신의 의지나 전설, 신화가 아닌 과학으로 설명하려 한 최초의 철학자입니다. 탈레스는 만물의 근원이 물이라고 주장했지요. 이런 탈레스에 관해서 재미있는 일화가 많답니다.

탈레스의 관심은 온통 '왜'라는 철학적 질문과 과학적 탐구에 있었습니다. 그래서 그는 언제나 가난했답니다. 하루는 하늘의

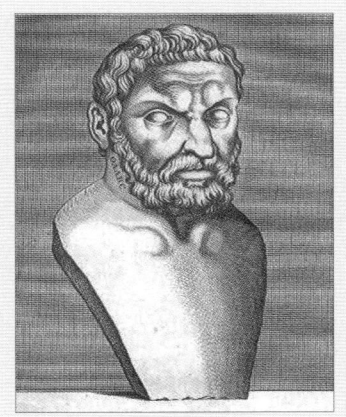
탈레스(기원전 624~546).

별자리를 관찰하다 그만 물웅덩이에 빠져 버렸습니다. 이를 본 사람들은 "매일 하늘만 보고 철학 공부만 하니 가난하게 살지."라며 탈레스를 비웃었습니다. 탈레스는 철학이 얼마나 유용한 학문인지 보여 주기 위해 돈을 벌기로 결심했습니다. 탈레스는 천문학 지식을 이용해 다음 해에 올리브 수확이 많을 것을 예견했습니다. 수확이 한참 남은 시기에 탈레스는 미리 싼 가격에 올리브 짜는 기계를 모조리 계약해 독점했습니다. 다음 해, 탈레스의 예견대로 올리브 농사가 풍년을 이루었습니다. 사람들은 올리브기

름을 짜기 위해서 탈레스의 기계를 비싼 가격에 이용하지 않을 수 없었습니다. 덕분에 탈레스는 큰돈을 벌 수 있었답니다.

또 이런 일화도 있습니다. 탈레스의 당나귀가 매번 개울물만 지나가면 일부러 넘어지는 일이 있었습니다. 등짐 속의 소금을 전부 녹여 짐을 가볍게 하려고 당나귀가 꾀를 부린 것이었습니다. 이에 탈레스도 당나귀의 못된 버릇을 고치기 위해 한 가지 꾀를 생각해 냈습니다. 하루는 당나귀의 등에 솜을 가득 실어 개울물을 건네게 했습니다. 개울물 중간쯤에 이르자 탈레스의 당나귀는 또 넘어지는 꾀를 부렸습니다. 다시 일어서려는 순간, 물에 젖은 솜이 너무 무거워서 당나귀는 일어서지 못했습니다. 당나귀는 물속에서 허둥대며 큰 낭패를 보았습니다. 그 이후 탈레스의 당나귀는 개울물을 건널 때 다시는 넘어지지 않았다고 합니다.

제2주제 모든 것을 의심해 보기

 처음으로 시작한 어린이 철학 수업이었지만 소라는 자신이 미웠다. 사실 어제 아이들이 하는 이야기는 모두 자기도 아는 이야기였고 자기도 할 수 있는 이야기였다. 그런데 말이 나오질 않았다. 엄마 아빠가 소라에게 품은 불만도 바로 그거였다. 말이 없다는 것. 그리고 그 불만은 선생님도 가지고 있었다.

 소라는 원래 말이 없다. 소라는 모범생이고 공부도 잘했지만 선생님의 욕심에는 소라가 좀 더 적극적인 아이였으면 했다. 토론이든 그림이든 체육이든 공부든, 선생님은 표현할 줄 아는 아이를 좋아했다. 소라도 선생님께 인정을 받고 싶다. 학교를 마치고 선영이와 집에 오면서 내내 그 생각뿐이었다. 선영이는 평상시에는 말이 없는 편이지만 토론 시간이나 다른 수업 시간에는 굉장히 적극적이다. 그런데 소라는 학교에서나 집에서나 말이 많이 없다. 하물며 토론 시간에는 더 그렇다. 반 아이들도 그런 소라를 답답해했지만 소라가 언제나 친구의 이야기를 잘 들어 주니 좋아했다.

집에 온 소라는 선생님이 내주신 철학 숙제를 펼쳤다. 다음 주에는 무슨 일이 있어도 선생님의 관심을 받고 싶었다. 집에 오면 먼저 해야 될 여러 가지 일이 있었지만 하기 싫었다. 아니, 아예 관심 밖이었다.

'다음 시간에는 반드시 먼저 말할 거야. 그리고 토론을 주도해야지……'

 생각 쑥! 의문 쑥!

모든 것을 의심해 보기

우리는 우리에게 익숙한 것들을 아무 비판 없이 그대로 인정하고 살아온 경우가 많습니다. 너무나 익숙하고 자주 반복되어 상식으로 인정한 것들 말입니다. 그런데 종종 너무나 익숙하고 반복적인 것이라 아무 비판 없이 받아들였다가 엄청난 대가를 치르기도 합니다.

수억 년 동안 지구에 사는 모든 동식물의 에너지원 역할을 한 저 붉은 태양이 어느 날 갑자기 뜨지 않는다고 상상해 보세요. 그런 일은 일어나지 않는다고요? 늘 그랬다고 해서 반드시 내일도 태양이 뜬다는 보장은 없답니다.

생각해 보기 1

재우는 어제 친구들과 영화 〈매트릭스〉를 보았습니다. 그곳에서는 인간들이 컴퓨터가 만든 가상 세계 속에서 살아가고 있었습니다. 영화를 보고 나서 재우와 친구들은 이 세상도 치밀하게 짜인 가상 세계가 아닌지 의심스러웠습니다. 그리고 그 누군가가 만들어 놓은 프로그램에 따라 움직이고 있는 건 아닌지 더욱 궁금해졌습니다.

생각해 보세요. 사람은 누구나 평등해야 하는데 꼭 그렇지는 않습니다. 옛날에는 어떤 사람은 태어날 때부터 왕이나 귀족으로, 어떤 사람은 노예나 천민의 자식으로 태어났습니다. 지금도 부유한 자와 가난한 자가 있습니다. 또 어떤 사람은 많은 사람을 괴롭히고도 오랫동안 부귀영화를 누리며 사는데 어떤 사람은 남을 위해 봉사만 하다가 몹쓸 병에 걸려 일찍 죽습니다. 이건 분명 누군가의 장난이라고밖에 할 말이 없습니다. 누가 이런 장난을 칠까요? 운명일까요? 어떤 신이나 특별한 존재자일까요? 아니면 우주인이? 궁금하군요.

생각해 보기 2

이 세계와 인류의 탄생에 대한 두 가지 학설이 있습니다. 하나는 진화론이고 다른 하나는 창조론입니다. 성경에서는 하나님이 이 세상을 창조하였고 그 외 동물과 인간 역시 하나님의 창조물이라고 말합니다. 하나님은 모든 것을 단드신 후에 마지막으로 자신을 닮은 인간을 만들었습니다. 그래서 인루 태초의 조상은 아담과 하와이며 이러한 주장을 창조론이라 합니다. 기독교 신자들은 창조론을 믿습니다.

한편 진화론자들은 인류는 단세포 생물에서 진화하여 오늘날과 같은 인간이 되었다고 믿습니다. 즉, 어류에서 양서류로, 양서류에서 파충류로, 파충류에서 포유류로, 그리고 포유류인 유인원에서 인간으로 갈라졌다는 겁니다.

그런데 이렇게 생각해 볼 수도 있습니다. 우리 지구는 외계인이 언젠가 식민지를 건설하기 위해 만들어 놓았을 수도 있습니다. 그리고 그 하나님은 외계인일 수도 있습니다. 엄청난 과학의 힘을 가진 외계의 어느 한 종족이 지구를 탄생시키고 몇몇 우수한 외계생물을 지역마다 퍼뜨려 각 지역마다 지구인을 교육하고 문화를 건설했습니다. 고조선을 세운 단군왕검이 어쩌면 외계인일지 모릅니다.

소라는 입술을 꼭 깨물고는 한 자 한 자 집중해서 읽어 내려갔다. 그런데 이번 토론지에는 새로운 숙제가 있었다. '내 주위에서 틀림없이 맞다고 인정하고 있는 것 중에 한두 가지가 틀렸다고 의심해 보고, 왜 의심하는지 그 이유를 쓰시오.'라는 부분이었다.

'무슨 뚱딴지같은 소리지?' 소라는 중얼거렸다. 동생 별아가 그런 언니를 보고 궁금한 듯 물었다.

"언니, 왜 그래?"

"응……."

"또 봐, 말 안 하지?"

"응, 선생님이 숙제를 내주셨는데 틀림없이 확실한 것 하나를 거짓이라고 생각하고 왜 거짓인지 이유를 써 오래."

별아는 5학년이다. 소라와 달리 성격이 활달하고 아주 명랑했다. 선생님은 그런 별아를 '명랑소녀'라고 불렀다. 그런 별명이 싫지 않아 별아도 선생님이 지나가면 쫓아가서 먼저 인사하곤 했다.

"뭐, 쉽네. 언니는 수학이 약하잖아. 특히 도형 영역이……. 그러니까 수학 공식이 전부 사실이 아니고 거짓말이라고 하면 되겠네."

"……."

"어때 좋은 아이디어지?"

"그건 곤란해. 그게 왜 틀린지 설명해야 하거든……."

그러다 소라는 갑자기 무슨 생각이 났는지 말을 끊었다. 소라는 방으로 들어가서 한동안 나오지 않았다.

※

일주일이 지나고 다시 어린이 철학 시간이 되었다. 어제부터 아이들은 요즘 유행하는 〈개그콘서트〉의 한 장면을 흉내 내고 자기들끼리 놀리느라 난리였다.

"그래, 일주일 동안 기발한 의심들 많이 해 봤니?"

선생님의 말에 아이들은 "예!" 하고 웃으며 대답했다. 일주일 동안 교실이 웅성거리는 걸 본 선생님은 이번 주제가 아이들도 재미있어 하는 주제임을 깨달았다.

"그럼 먼저 개념 조사부터 해 볼까? 누가 창조론과 진화론을 얘기해 보자. 은빈이?"

"제가 조사해 온 바로 창조론은 우주 만물이 어떤 신적 존재의 행위에 의해 만들어졌다는 주장입니다. 기독교적인 입장에서는 유일신인 하나님이 태초에 완전한 자유의 입장에서 무로부터 우주 만물을 창조한 것을 가리키는데요. 「창세기」 1장 1절에는 태초에 하나님이 천지를 창조하였다고 밝히고 있습니다. 한마디로 하나님이 이 세상을 만들었다는 거죠."

"진화론은 생물이 더 나은 종으로 변화, 발전한다는 것입니다. 진화론을 확립한 사람은 다윈입니다. 그는 『종의 기원』이란 책에서 자연선택설을 근간으로 해서 새로운 종이 생기는 과정을 설명했습니다."

은빈이에 이어 재길이가 지지 않으려고 크고 또렷한 목소리로 발표했다.

"창조론과 진화론은 지구와 인류의 기원에 관한 내용이야. 아직도 논란의 여지가 있고 종교와 과학의 쟁점이기도 하지. 자, 그러면 오늘 어린이 철학 시간은 자유롭게 하자. 자리에 앉든 서든 옮기든 여러분 자유다."

선생님의 말이 끝나자 아이들은 자기 마음대로 자리를 정리했다. 친한 친구들끼리 모인 모양이다.

"누가 먼저 발표할까? 모든 것들을 의심해 보라고 했는데 뭘 의심해 보았는지 발표해 보자."

선생님의 말이 끝나자 지혜가 손을 들었다. 그런 지혜를 보자 아이들은 키득키득 숨죽여 웃었다.

"저는요, 가끔 제가 우리 집에서 난 자식이 아니고 주워 왔거나 입양된 아이라는 생각이 듭니다. 곰곰이 생각해 보면 우리 부모님이 저를 대하는 것이 제 동생을 대하는 것과 많이 다릅니다."

"그래? 그 이유는 뭘까? 왜 부모님이 그렇다고 보니?"

"제가 딸이라서 그런 차별을 받는가 봐요. 저는 새 옷을 입어 본 적이 없습니다. 언제나 언니 옷을 받아 입었습니다. 다른 경우도 마찬가지고요. 그런데 제 동생은 언제나 모든 것을 원하는 대로 합니다. 어떤 때는 엄마가 직접 옷도 짜서 입힙니다. 그걸 보면 얼마나 열이 나던지. 엄마는 제가 미운가 봐요."

"야! 밉게 생겼잖아."

두철이 말에 아이들은 크게 웃었고 지혜는 실눈을 한 채 두철이를 째려보았다. 지혜 집은 딸 둘에 늦둥이 아들이 하나다.

"그럼 지혜야. 부모님이 언니는 어떻게 대하시니?"

"아……. 언니는요, 무슨 멋을 그렇게 부리는지 아빠를 살살 꼬드겨 자기 하고픈 데로 다 하는 데요."

"그럼 꼭 네가 딸이기 때문에 그런 차별을 받는다고는 보이지 않는구나. 어쩜 부모님들께서 절약하려는 마음 때문에 그런 게 아닐까?"

"절약은 아니에요. 두 분이서 저녁마다 밖에서 커피나 맥주를 한

잔씩 하고 들어오세요. 우리 빼고 말이죠. 호호호."

지혜도 자기 말이 우스운지 아이들을 보며 웃었다. 지혜의 뒤를 이어 우석이가 발표했다.

"저는 이걸 한번 의심해 보았습니다. 미스코리아 선발 대회를 보면 전부 늘씬하고 키도 크고 얼굴이 예쁩니다. 그런데 저는 그것이 전부 만들어졌다고 생각합니다. 일단 살 빼는 특수약이 있어서 부위마다 필요한 만큼 살을 빼고, 러시아에서 개발한 키 크는 수술을 받았을 겁니다. 또 특수 화장품을 발라서 얼굴이 예뻐진 건 아닐까 하고 의심해 봅니다."

우석이의 생뚱맞은 의심에 명곤이가 회심의 미소를 띠며 은휘를 쳐다보고 말했다.

"그럼 아무나 다 미스코리아 되게요? 하하하. 그럼 은휘도 미스코리아 나가겠네?"

"뭐? 가만히 있는 날 왜 건드리는데?"

은휘가 날카로운 목소리로 고함을 치며 눈을 가늘게 뜨고 명곤이를 쳐다보자 이번엔 석훈이가 은휘에게 시비를 걸었다.

"일단, 은휘는 안 됩니다. 그 화장품도 어느 정도 미인의 얼굴에 발라야 한답니다. 그리고 구하기가 하늘의 별 따기랍니다."

"너희들 진짜, 아우. 난쟁이 똥자루만한 것들이……."

키 작은 명곤이와 석훈이를 놀릴 때 은휘가 자주 쓰는 말이다.

"뭐, 난쟁이 똥자루? 아, 이럴 수가. 민찬아! 석훈아! 은휘가 우리 보고 난쟁이 똥자루란다. 난쟁이도 서러운데 그기다 똥자루라니. 으흑흑. 난쟁이 똥자루!"

명곤이는 자리에 일어나 석훈이와 민찬이를 안고 교실 바닥에 드러누워 슬피 우는 시늉을 하며 뒹굴었다. 아이들은 그런 명곤이를 보고 죽어라 웃어 댔다.

"아유, 저걸. 야! 생 쇼 그만해라. 으, 열 받쳐."

화가 난 은휘가 얼굴을 붉히고 공중으로 주먹을 돌리자 그 표정이 재미있다는 듯 민찬이는 배를 잡고 깔깔댔다. 민찬이는 명곤이의 팔을 뿌리치며 말했다.

"야, 나는 빼라. 나를 왜 같이 집어넣노?"

명곤이는 빼낸 팔을 선생님 입에 마이크처럼 가져다 대고는 선생님은 어찌 생각하느냐고 실눈을 뜨고 물었다.

"야! 녀석아, 왜 가만있는 날 걸고넘어져. 너와 석훈이만 해당되는 거야. 저리 획 가라!"

선생님은 발로 명곤이의 엉덩이를 미는 시늉을 했다.

"살 빼는 약은 우리 선생님 똥배에는 특효약인데……."

두철이의 말에 아이들은 배를 잡고 크게 웃었다. 그 와중에 재길이가 손을 들어 발표했다.

"한때는 공룡이 지구를 지배했지만 지금은 우리 인간이 지배하고 있습니다. 그런데 제가 어떤 책에서 보았는데 바퀴벌레는 인간보다 훨씬 오랫동안 지구에서 살아왔고 또 핵전쟁이 일어나면 마지막까지 살아남을 종도 바퀴벌레라고 합니다. 제 생각에는 이 지구의 주인은 바퀴벌레이고 바퀴벌레가 이 지구를 다스린다고 생각해요. 그래서 우리 인간과 함께 사는데 우리 인간을 애완동물이라고 생각하죠. 자기들 스스로……, 허허허."

"야! 그런데 그런 인간한테 바퀴벌레가 밟혀 사지가 찢어져 죽니? 나는 그냥 밟아 버린다."

재옥이가 말이 안 된다며 책상 아래를 발로 쿵쾅거렸다.

"그건, 인간이 버릇이 없는 거야. 애완동물로서 자기 주제를 몰라서 그래, 재옥이 너처럼……."

"뭐, 니 말 다했나? 그럼 니도 바퀴벌레의 애완동물이겠네? 어이구야, 재길이 불쌍타! 어휴, 제기랄."

재옥이가 재길이 별명을 부르며 놀리자 아이들은 낄낄거리며 웃었다. 오늘 토론 시간은 웃느라 다 보내는 것 같았다. 아이들은 저마다 많은 의심들을 쏟아냈다. 지구상에 공룡이 사라진 이유는 서로 일진이 되겠다고 싸웠기 때문이다, 한·일 월드컵 때 우리나라가 4강에 올라간 것은 계룡산과 지리산에서 수도하는 도인들이 기를 모았기 때문이다, 우리 인류는 외계로부터 왔으며 외계인이 일반인 속에 섞여 살아가고 있다, 로또 복권은 누군가가 컴퓨터 조작으로 가장 적은 수의 사람이 당첨되게 만들어 놓았다……. 아이들은 친구들이 발표할 때마다 웃고 반론을 제기했다.

그때 소라가 일어섰다. 처음 발언하는 것은 놓쳤지만 이제 자신이 말할 때라고 생각한 것이다.

"우아, 소라! 소라! 쏘라! 쏘라! 크게 쏘라! 파이팅!"

'쏘라'는 난쟁이 똥자루 삼인방이 토론 시간에 크고 자신 있게 말하라고 소라에게 지어준 별명이었다.

"우리는 과학 시간에 태양이 우주의 중심이고……, 지구와 다른 행성들이 태양의 주위를 돈다고 배웠습니다. 그런데 음……, 저는 이것을 의심해 보았습니다. 밤하늘에 무수한 별들이 반짝이고 있습니다. 음……, 그 무수한 별과 달 그리고 태양이 사실은 진짜가 아니고 저 천장에 매달린 화면이 아닌가 하고 의심해 봅니다."

"우리 머리 위에 매달린 화면이다?"

선생님은 소라의 의심이 기발하다는 생각이 들었다.

"화면이거나 아니면, 음……, 다른 목적을 위해 만든 기계장치 같은 거……."

소라의 말에 한슬이가 골똘히 생각하더니 물었다.

"그럼 그건 누가 만든 겁니까?"

"그건, 모르죠……."

"소라! 그걸 모르면서 주장하면 안 되지. 쏘라!"

"……."

"쏘라가 대포는 안 쏘고, 새총만 쏘았네. 낄낄낄."

안 그래도 말하려니 떨려 죽겠는데, 민찬이가 놀리자 소라의 입은 굳게 닫히고 얼굴은 붉게 달아올랐다.

그 모습을 본 선영이가 말했다.

"이럴 수 있죠. 지구에 사는 우리는 가만히 있는데 저 하늘 전체가 시간에 따라서 움직이는 영상과 같은 것일 수 있죠? 어떤 지구인이 아닌 다른 외계인이나 아니면……, 그래, 신 같은 것."

"그럼 우리는 누군가 만들어 놓은 텔레비전 화면을 본다는 겁니까?"

영수가 선영이의 말에 반론을 제기했다. 그러자 수빈이가 선영이 의견에 동의했다.

"그럴 수 있다고 봅니다. 〈트루먼 쇼〉라는 영화 있잖아요. 누군가가 아주 엄청난 장치를 해 놓고 우리를 그 속에 가둬서 조종하는 겁니다. 하지만 우리는 그런 사실을 모르죠."

"그건 신인데……."

"하하하."

명곤이의 말에 아이들이 웃었다. 여학생들은 선영이 편을 들고 남학생들은 비판하는 형세였다. 선생님은 잠시 생각하고서는 여학생들에게 질문을 던졌다.

"그러면 봄, 여름, 가을, 겨울, 그리고 눈, 비, 태풍 같은 것은 어떻게 일어나지?"

"그거야 간단하죠. 적당한 시기를 봐서 아주 큰 물뿌리개로 우리 머리 위에 물을 뿌리면 그것이 비가 되고, 물을 뿌리면서 강한 선풍기를 틀어 놓으면 태풍이고, 난로를 가지고 바람을 약간 불어 대면 그것이 여름이고, 냉장고나 에어컨으로 시원하게 불면 겨울이 되겠네요. 호호호."

"우하하하, 그것 짱이다! 선영이 짱!"

아이들은 선영이의 말에 환호성을 질렀다. 선생님이 생각해도 아주 재미있는 표현이었다. 소라는 고개를 푹 숙였다. 한슬이가 다시 선영이에게 반론을 제기했다.

"그럼 선영이는 '천동설'이 맞다고 보는 겁니까? 어쨌든 지구는 가만히 있는 것 아닙니까? 어마어마한 힘이 하늘을 돌리는 것이니 결국 하늘이 도는 천동설 입장이네요?"

"천동설과 지동설을 떠나서 엄청난 능력을 가진 무엇이 이 우주 전체를 조종한다는 겁니다. 물론 지구인들까지도 조종하고요."

"『드래곤볼』의 신이냐?"

두철이의 말에 아이들은 박장대소를 하며 웃었다. 그러자 선생님이 말했다.

"너희들도 잘 알듯이 1969년 아폴로 11호가 달에 착륙했단다. 닐 암스트롱은 달에 첫발을 디디면서 '이것은 한 인간에 있어서는 작은 한 걸음이지만, 인류 전체에 있어서는 위대한 약진이다.'라고 말했단다. 그건 어떻게 의심, 아니 설명해 볼 수 있겠니?"

"어! 그러네. 그건 분명히 지구 밖을 나간 거잖아요."

"그렇지. 그리고 달에서 지구도 보았을 거 아냐?"

"……."

선생님의 말에 영수와 한슬이가 찬성을 했다. 선영이는 대답하지 못했다. 그때 수빈이가 구세주처럼 등장해 문제를 해결해 주었다.

"뭐 그건 문제가 안 됩니다. 실제로 달나라에 가지 않았는데 텔레비전에서 장난친 거예요. 어느 저녁 사막 한가운데서 암스트롱은 그렇게 그냥 말한 거고요. 모르잖아요. 선생님도 저번에 소련의 스푸트니크 호가 발사되자, 미국이 소련과의 우주 경쟁에서 승리하기 위해 달나라 프로젝트를 만들었다고 했잖아요. 소련이나 미국이나 전 세계를 상대로 거짓말을 한 것일 수 있죠. 물론 두 나라는 우수한 과학적 성과를 올렸다고 전 세계에 홍보하고요."

"그건 말도 안 된다고 생각합니다. 전 세계인이 보고 있는데 어떻게 그런 장난을 칠 수 있습니까? 그리고 기자도 발사하는 곳에 직접 가 보았을 거 아닙니까? 말도 안 돼."

석훈이는 말도 안 된다며 이의를 제기했다.

"가 보았죠. 그러나 직접 타 본 건 아니잖아요? 그리고 저번 주에 토론한 거지만 제시카 린치 일병 사건도 거짓말로 밝혀졌잖아요. 신문이나 텔레비전에서 보도한다고 모두 사실인 것은 아니에요."

다시 수빈이가 반박하자 남학생들은 할 말이 없는지 침묵했다. 이에 힘입어 선영이는 더욱 목소리에 힘을 주었다.

"그리고 이럴 수도 있겠네요. 어마어마한 힘이 그냥 올려 준 거예요. 아니면 그냥 비행기로도 쉽게 갈 수 있는 달나라인데 지구인들이 어렵게 시도한 거예요. 어마어마한 힘을 가진 신은 화면을 돌리면서 지구인들이 달나라를 여행한 것처럼 착각을 일으키도록 한 거지요."

"이 우주에는 우리가 살고 있는 태양계 외에도 엄청나게 많은 행성과 혹성, 위성이 있습니다. 이런 태양계 수억 개가 모여 우리 은하가 됩니다. 그리고 이런 은하가 모여 우주가 되는데, 이 우주에는 수천 억 개의 은하가 존재합니다. 그러면 신이든 외계인이든 그 어마어마한 힘을 가진 자가 왜 그렇게 조종하는 겁니까?"

영수가 다시 반론을 제기했다.

"말씀 잘하셨네요. 그렇게 많고 복잡하니까 조종하는 거지요. 이 우주 전체를……. 아마 빅뱅이론도 그래요. 어마어마한 힘을 가진 신이 한 것인데 지구인들은 생명이 짧으니까 빅뱅이론이라고 아주 간단하게 정리한 게 아닐까요? 그리고 가끔 귀찮으면 블랙홀이라는 장치로 쏙 빨아들이고 말이지요. 아니, 어쩌면 블랙홀이라는 용어도 지구인들이 우주에 대해 자세히 모르니까 이런 말을 만들어 쉽게 해결하려고 한 건 아닐까요?"

남학생들은 저마다 선영이의 말에 말도 안 된다며 반박을 했지만 선영이와 수빈이의 발상에 한계를 느끼고 있었다.

"야! 이건 결국 우리가 지는 거야. 우리도 우주에 대해 잘 모른다고……."

영수는 안 되겠다며 항복을 선언했다. 좀처럼 지기 싫어하는 영수가 항복하자 여학생들은 좋아했다. 선영이의 의심으로 시작된 토론이 아이들에게는 '우주의 탄생과 지구'라는 어마어마한 주제가 되었다. 아이들은 모두 이 거대한 힘을 가진 존재가 무엇인지 궁금해졌다. 왜 우주를 탄생시켰으며, 왜 아직 지구 외에는 외계인의 존재가 증명되지 않는지. 아이들은 선생님을 빤히 쳐다보았다.

"음……, 선영이의 말을 들으니 그 '어마어마한 힘을 가진 존재'가 더욱 궁금하구나. 기독교에서 말하는 '하나님'도 될 수 있겠고, 그냥 '자연 그 자체'일 수도 있겠고, 아니면 엄청난 문명을 가진 '외계인'일 수도 있겠구나. 물리적 한계를 가진 우리 인간이 알기에는 아직 인간의 생각과 인식이 너무 짧구나. 어떤 천체물리학자는 지금도 이 우주는 점점 팽창하고 있다고 한단다. 블랙홀에 관한 설명도 과학자들 사이에서 의견이 분분하고 우주와 지구의 역사에 대해서도 견해가 다르지. 우주에 관한 연구는 아직 제대로 증명된 게 많이 없단다. 오늘 주제가 의심할 수 있는 것은 모두 의심해 보는 것이었는데 너희들의 의심이 이 우주와 지구를 들었다 놓았다 하는구나. 그래, 이런 의심을 하면서 우리는 더욱 명확하고 확실한 진실과 진리를 찾을 수 있단다. 그러면 이걸 한번 토론해 보자꾸나. 하늘이 두 쪽이 나도 바꿀 수 없이 진실하고 확실한 진리에는 어떤 것이 있을까?"

선생님의 엉뚱하고 갑작스런 질문에 아이들은 모두 생각에 잠겼다. 몇몇 녀석들은 연필로 무언가를 그렸고, 몇몇은 한숨을 팍팍 쉬었다. 언제나 그렇듯 지혜는 턱을 괴고서는 넋 나간 표정으로 말했다.

"아, 머리가 빠개지는 것 같아. 선생님은 왜 우리를 이렇게 괴롭히는 거야."

"혹시 지혜 너 머리에 닭 선생이 들어 있는 거 아냐? 왠지 그런 의심이……."

명곤이가 지혜를 비꼬아 얘기하자 아이들은 키득키득 웃었다.

5분 정도 지나자 선생님은 다시 토론을 진행했다.

"누가 한번 말해 볼까? 절대적으로 진리이며 바꿀 수 없는 것은?"

"선생님, 아무리 생각해 봐도 저는 우리 아버지 자식이에요. 왜냐? 닮았거든요. 정말이지 저와 형은 우리 아버지를 완전 쪽 빼닮았다고 동네 사람들이 그래요."

한슬이는 아버지와 자식 간의 닮음이 절대적으로 바꿀 수 없는 진리라고 자신 있게 말했다.

"음……, 그러면 아버지와 큰아버지는 안 닮았니? 그분들도 형제분이잖아. 사촌들도 약간씩 너와 닮은 부분이 많잖아. 선생님이 태어났을 때 할머니가 그랬대. '요 녀석, 꼭 제 할애비 닮았네.' 하고 말이야. 그리고 우리 속담에 '부부도 오래 살면 닮는다.'는 말이 있지. 어쩌면 아버지와 한슬이가 같은 집에서 굉장히 오래 살아서 서로 닮은 게 아닐까? 닮았다고 해서 아버지와 자식간의 관계를 증명하기에는 뭔가 부족해 보이는구나. 혹시 어떤 신이 너를 보내 준 건 아닐까? 부모님에게는 육체만 빌리고 말이야. 육체는 비슷할 수도 있지만 정신은 어때? 아버지와 너, 어머니, 형의 생각이 전혀 다르지 않니? 아니면 너 스스로 생기든지……."

한슬이는 더 이상 대꾸하지 못했다. 가만히 생각해 보면 자기와 아버지보다는 아버지와 큰아버지가 더 많이 닮았고 고모는 한슬이가 큰아버지와 많이 닮았다고 했기 때문이다. 그리고 외향적인 아버지와 형에 비해 자신은 내성적인 게 사실이었다. 그때였다. 지혜가 뭔가를 발견한 양 큰 소리를 질렀다.

"있어요! 있어. 절대적으로 완전한 사실!"

아이들은 와하고 고함을 질렀고 난쟁이 똥자루 삼인방은 '돌지혜, 돌지혜'를 외치다 선생님에게 주의를 받았다. 복잡한 것 싫어하고, 토론 시간이 지겨운 지혜 입에서 어떤 폭탄 발언이 쏟아질까? 궁금했다.

"호호호, 이건 좀 웃긴데……. 우리가 이런저런 이야기를 하잖아요. 하지만 아무리 그런 이야기를 하더라도 시간은 간다는 사실입니다. 보세요, 10분만 있으면 점심시간이에요."

방금 선생님에게 자신의 주장을 논파당한 한슬이가 지혜의 주장에 대해 개념의 정의를 논리적으로 따졌다.

"시간은 정확하다는 주장이에요? 아니면 시간이 간다는 주장이에요?"

"둘 다요. 그런데 야, 박한슬! 한슬이 너는 너무 복잡해. 난 복잡한 애는 싫어."

"나도 너 싫어!"

"싸우면서 정든다더라. 사귀어라! 사귀어라!"

난쟁이 똥자루 삼인방의 응원에 힘입어 아이들은 두 사람을 놀린다고 웃으며 박수쳤다. 지혜는 알 듯 모를 듯 미소를 띠었는데 한슬이는 얼굴이 씰룩거렸다. 영수는 그런 한슬이가 우스워 팔을 잡고 지혜와 잘해 보라는 시늉을 했다.

"시간이 정확하다는 것은 틀린 이야기입니다. 우리나라와 다른 나라는 시차라는 것 때문에 서로 시간이 다르고요, 또 기계의 성능에 따라서도 약간씩 다릅니다."

재길이가 반론을 제기하면서 토론이 다시 시작되었다.

"그래도 1분은 60초, 1시간은 60분이라는 사실은 맞잖아요. 정확한 기능만 갖춘다면 시계는 아주 정확하게 맞아 돌아가요. 그리고 그런 시간만 흐르면 점심시간이 되고요."

"은빈이의 의견에 동의합니다. 시간도 그렇지만 삼각형은 세 각과 세 변으로 이루어져 있으며 세 각의 합은 180도라는 사실은 진실이거든요. 2 더하기 3은 5라는 것도 그렇고요."

"아, 그러고 보니 수학의 공식들은 전부 진리구나! 야, 영수 다시 봐야겠네!"

"공식이 뭐니 바보야! 공리라고 해야지……."

은빈이와 영수가 자신을 공격하자 재길이는 은빈이에게 용어 사용이 틀렸다며 핀잔을 주었다.

"뭐, 바보? 그래 내 용어 사용 틀렸다. 아이고 이런, 제기랄……."

"우하하."

그러고 보니 수학의 공리는 모두 의심할 수 없이 확실한 사실이었다.

"음, 그런데 그건 어떤 아주 못된 악마가 우리를 뒤에서 조종하는 거야. 우리의 감각이 착각을 하듯 수학의 공리들도 틀린 것인데 우리를 조종해서 사실인 양 속이는 것은 아닐까?"

"에이, 말도 안 돼. 선생님 그러지 마세요. 그렇게 따지면 이 세상 모든 게 가짜게요?"

명곤이가 그런 선생님이 너무한다며 이의를 제기했다.

"그래, 세상 모든 게 가짜야! 어떤 악마가 우리를 속여 틀린 사실을 수학의 공리인 것처럼 생각하게 한다고 가정해 봐. 그러고 나서도 아주 확실하고 명확한 것은 무엇이 있지?"

선생님이 두 팔을 벌리면서 허공을 쳐다보고 고함을 질렀다.

"지금 선생님께서 우리에게 거짓말하는 것!"

"우하하하! 맹~고이, 짱이야!"

"감각은 때때로 우리를 속인다는 걸 우리는 이미 알고 있어. 착각이야."

"우리가 지금 교실에 존재하는 것."

"재옥아! 혹시 우리가 꿈꾸고 있는 건 아닐까? 여기 예문에 있는 것처럼 〈매트릭스〉의 세계에 있든지……."

"그거 있잖아요, 과학에서, 음, 그러니까 종이에 불을 붙이니 종이가 타는 것처럼, 내가 어떤 일을 했을 때 그 다음으로 일어나는 그런 것은 어때요?"

한슬이는 원인과 결과, 즉 인과관계를 끄집어냈다. 선생님은 약간 놀랐다.

"오! 그래? 대단한데……. 과학뿐만 아니라 일상생활에서도 그런 인과관계가 확실하다고 본단다. 흰색 당구공을 치니 그 흰색 당구공이 굴러 검은색 당구공을 맞춘 거야. 그러니까 나무로 흰색 공을 친 원인, 나무에 맞은 흰색 공이 굴러 검은색 공을 친 것이 1차 결과이자 다음의 2차 원인이지. 그리고 마지막으로 흰색 공에 맞은 검은색 공이 굴러간 것이 2차 결과이고. 아, 좋은데."

"우와! 한슬이……. 지혜로 인해 더 똑똑해진 거 아냐?"

"야! 너희들, 정말 이럴래?"

아이들이 지혜를 빗대 한슬이를 놀리자 한슬이는 웃는 건지 짜증내는 건지 모를 애매한 표정을 지었다.

"그런데 이를 어쩌지, 300여 년 전에 데이비드 흄이라는 영국의 철학자는 이 상황에서 어디를 살펴보아도 원인과 결과를 알 수 없다고 그랬어. 즉 공이 굴러가고 맞은 사실만 있다는구나. 저녁에 해가 지고 어두워지면 별이 뜨고 다시 아침이 되면 별이 사라지고 해가 떠오르는 것은 원인과 결과가 아니지. 수천 년, 아니 수만 년 동안 끊임없이 반복되어 왔기 때문에 인간이 당연하게 여기는 마음의 작용, 즉 심리적 현상이 아닐까? 당구공도 원인과 결과라는 사실은 없고 단지 그러한 사실에 우리가 너무 익숙해서 당연하게 생각해 버리는 습관 같은 것 아닐까?"

"휴우! 어려워. 뭐야 도대체……."

아이들은 손으로 턱만 괴고 있었고 짧은 침묵이 교실에 가득했다.

"이런! 시간이 다 되어 가네. 음, 지금부터 400여 년 전 프랑스에 데카르트라는 철학자가 있었어. 이 철학자는 어떠한 상황에서도 명석판명한 인식을 찾고자 했단다. 그래서 어느 날 난롯가에 다리를 꼬고 앉아서 모든 것을 의심했지. 먼저 눈에 보이는 사물의 세계를 의심했어. 저번 시간에 우리도 '경험으로 아는 것은 모두 진실인가'라는 주제로 토론했지? 어땠니?"

"예. 경험으로 아는 세계는 틀릴 가능성이 많다는 걸 알았어요."

선생님은 의자를 밖으로 꺼내 다리를 꼬고 앉아 마치 옛이야기를 들려주듯 소곤소곤, 그러면서도 강약을 조절하며 얘기했다.

"그래, 경험으로 아는 세계. 즉 감각으로 아는 것은 오류가 너무 많단다. 그래서 우리를 착각하게 만들지. 그래서 이건 과감하게 버렸단다. 다음으로 그런 감각이 틀리지 않고 맞다고 하더라도 우리가 꿈꾸고 있는 것이 아닌가 하고 의심했지. 이렇게 의심하고 나니 산술학과 기하학, 즉 너희들이 공부하는 수학적 공리가 남은 거야. 그런데 데카르트는 어떤 전능한 악마가 사실은 참이 아닌 어떤 사물이나 공리를 내가 명석하고 판명하게 지각하는 것으로 여기도록 만드는 게 아닐까 하고 의심했단다. 이렇게 모두 의심하고 나면 남는 게 뭐가 있을까?"

선생님의 목소리는 아주 작아서 마치 귀신 이야기를 하는 것처럼 들렸다. 아이들은 귀를 더욱 쫑긋 세웠다.

"아무것도 없죠."

"그럴까? 의심하고 의심하여 모두 없애 버렸는데 한 가지 너무나 명백한 사실이 남은 거야!"

"그게 뭐죠?"

"그게 뭘까? 그게 뭘까? 수리수리 마하수리."

아이들은 궁금하다는 듯 눈을 동그랗게 뜨고 선생님을 바라보았다. 선생님은 손을 허공에 저으며 마술을 하듯 아이들의 시선을 집중시켰다.

"이렇게 저렇게 의심하면서도 한 가지 확실한 것은? 바로 그런 의심을 하고 있는 자신을 발견한 거야. 의심하는 자기 자신!"

"예?"

선생님의 목소리는 힘이 실려 우렁찼다. 그러나 잔뜩 기대했던 아이들은 전부 뒤통수를 얻어맞은 기분이었다.

"의심한다는 것이 뭐와 같다고 볼 수 있니?"

"생각하는 것."

"그렇지! 의심이란 생각하는 것이므로 생각하는 자가 생각하는 동안 존재하지 않는다는 것은 말이 안 되지. 그래서 그는 '나는 생각한다. 그러므로 나는 존재한다.'라는 결론에 도달한 거야."

"……뭐야, 아니 선생님! 그러니까 자기가 지금 의심하고 있는 자기 자신은 의심할 수 없다는 거예요?"

수빈이가 말도 안 된다는 표정으로 정색을 하며 선생님께 질문을

던졌다.

"빙고! 데카르트는 확실하고도 명석판명한 지식을 찾고자 모든 것을 의심한 후에 의심하고 있는 자기 자신, 즉 생각하는 자기 자신은 확실하다는 사실을 발견한 거지. 생각이라는 의식을 발견한 후에 그것으로부터 신의 존재와 완전성을 증명했고, 이를 바탕으로 해서 다시 외부 세계의 존재 및 여러 현상들에 관한 지식을 증명해 나갔지. 결국은 인간을 포함한 우주 전체에 대한 체계를 세웠단다. 이 같은 데카르트의 지식 체계는 당시 유럽 사회에 엄청난 영향을 끼쳤지. 이전에는 모든 것의 중심에는 '신'이 있었단다. 데카르트는 그 중심을 신에서 '인간', 즉 인간의 생각으로 돌린 거지. 인간 중심의 사유 체계는 유럽이 새로운 시대, 즉 근대로 가는 길을 마련해 주었어. 결국 모든 것을 비판하고 나서야 명확하며 확실한 것을 추구할 수 있지 않겠니? 항상 새롭게 보고, 의문을 품고, 거꾸로 생각해 보면 평상시에 보이지 않던 것들이 보이기 시작한단다."

"어휴, 데카르트는 괜한 짓 했네. 원래대로 돌아오면서……."

선생님의 이야기를 들은 명곤이는 데카르트가 부질없는 짓을 했다며 안타까워했다.

"그런데 너희들, 오늘 토론 중에 흥미로운 점이 있었는데, 지금부터 300~400여 년 전에 지동설과 천동설 간에 엄청난 사건이 벌어졌단다. 인간의 한계로 인해 많은 과학자와 철학자가 진실과 죽음 사이에서 엄청난 고뇌를 하게 돼. 자! 다음 주 어린이 철학 과제다.

그리고 오늘 토론한 것은 보고서 완성해서 제출하도록 해."

  소라는 그날 보고서를 작성하지 않았다. 자신이 너무 초라해 보였기 때문이다. 아까 못한 말이 지금 머릿속에서 단어와 문장이 되어 날아다녔다.

  '언젠가 또 기회가 오겠지.'

  소라는 마음속으로 다짐했다.

  그날 지혜의 보고서에는 이런 글귀가 있었다.

  '그래도 점심시간은 다가오고 내가 밥 먹는다는 사실은 절대로 의심의 여지가 없다.'

유쾌하고 재미있는 괴짜 철학자들

왕의 귀를 물어뜯은 현인, 제논

제논은 서로 충돌하는 두 주장을 대립시켜 새로운 주장을 내놓는 변증법의 창시자입니다. 그는 평생을 역설의 문제를 해결하는 데 바쳤습니다. 그가 주장한 철학적인 수수께끼인 역설 덕분에 많은 학자들이 '운동' '연속' '무한'의 개념을 정확히 정립하여 논리학과 수학을 발전시킬 수 있었습니다.

제논(기원전 490년경~430년경).

그가 만든 대표적인 역설이 '아킬레스의 역설'입니다. 육상 선수인 아킬레스와 거북이가 달리기 시합을 하는데 느린 거북이를 먼저 출발시킬 경우 아킬레스는 절대로 거북이를 따라잡을 수 없다는 것입니다. 예를 들어 50미터 앞에서 출발한 거북이를 아킬레스가 따라잡기 위해 달리면 거북이도 대략 10미터 정도 달립니다. 다시 아킬레스가 10미터 따라가면 거북이는 2미터, 아킬레스가 2미터 따라붙으면 거북이는 또 그보다 작지만 어느 정도 다시 앞서게 됩니다. 이런 일이 무한정 반복되면 거리는 가까워지지만 아킬레스는 절대로 거북이를 앞지를 수 없지요. 무한히 나누어지는 공간을 인간인 아킬레스가 극복할 수 없다는 제논의 논리는 결국 "운동은 없다."는 결론에 이릅니다. 당시 그리스 사람들은 제논의 주장을 논박하지 못했습니다. 제논의 역설을 해결하기 위해서 필요한 '시간'이라는 변수를 생각하지 못했던 거지요. 일정 시간이 지나면 아킬레스는 거북이를 따라잡게 됩니다.

이 밖에도 '화살의 역설'이 있습니다. 날아가고 있는 화살은 어떤 한순간에는 어느 특정한 장소에 있기 때문에 날아가지 않고 정지하고 있다는 것입니다.

어느 날 역설의 대왕인 제논이 왕의 노여움을 사서 사형을 당하게 되었습니다. 그는 마지막으로 왕에게 직접 전할 중대한 비밀이 있다며 왕에게 다가가서는 갑자기 왕의 귀를 물어뜯었습니다. 놀란 호위병이 칼로 제논의 목을 쳤습니다. 그러나 목이 잘린 뒤에도 그의 입은 왕의 귀를 물고 있었다고 합니다.

제3주제 어떤 삶이 더 가치 있는가?

　지세포에서는 지금 두 가지 사건으로 동네가 떠들썩하다. 지세포의 예구마을 뒤 산 너거 서이말 등대 가는 곳에 거제원유비축기지가 있었다. 여기 사람들은 U2라 부른다. U2기지 3차 공사를 앞두고 환경을 생각하는 지역 사람들과 국익이라는 목적 때문에 개발해야만 하는 한국석유공사 사이에 매일 시위가 벌어지고 있었다. 주민 간 이해다툼으로 물리적 충돌도 벌어지곤 했다. 그런데 정작 텔레비전 뉴스에 나온 것은 시위 장면이 아니었다. 학꽁치가 장승포에서 지세포를 지나 구조라, 망치, 몽돌, 해금강 쪽으로 몰리면서 물 반 고기 반으로 들끓고 있다는 뉴스였다. 거제 시민뿐만 아니라 인근의 통영, 진주, 창원, 김해, 부산 사람들까지도 학꽁치를 잡는 재미에 푹 빠져 온 지세포 바닷가가 사람들로 넘쳐 났다. 아마 여름 성수기를 빼곤 이렇게 많은 사람들이 모여들진 않을 것이다. 학교 아이들도 온종일 학꽁치 얘기로 부산했다.

　학꽁치는 꽁치보다는 작지만 몸체가 단정하며 쭉 빠진 것이 마치 어뢰정같이 멋지다. 아래턱이 길게 튀어나왔고 일반 꽁치보다 주둥이가 뾰족하고 길게 나왔다. 주둥이 양옆으로 연한 붉은빛을 띠는 것이 특징이다. 바로 지금이 수온과 날씨가 알맞아 학꽁치를 어촌 바닷가로 불러들이는 시기이다. 껍질은 아름다운 은청색이고 아래턱은 5~6센티미터 튀어나와 있다. 이들 학꽁치는 가까운 바닷가 주위 연안과 만 안에 수십 마리씩 떼를 지어 다니는데 몸길이는 25~30센티미터 정도이다. 맛이 담백하며 특히 이른 봄에 잡은 학꽁치가 맛이 좋다. 국을 끓이거나 말린 술안주로도 좋지만 이곳 사람들은 즉석에서 바로 썰어 회로 먹는 걸 즐긴다.

　"선생님! 오늘 오후 수업 학꽁치 현장체험학습 가죠?"

　아이들은 아침부터 선생님을 졸랐다. 1교시 마치고 조르더니 2교시와 3교시에도 졸랐다.

　"야, 녀석들아, 그게 놀러 가는 거지 어떻게 현장체험학습이냐? 안 된다. 수업 진도도 늦고 또 교장 선생님 사전 허락도 못 받았다. 그리고 너희들도 준비 안 되어 있잖아?"

　"아니, 고기 잡는 것이 현장체험학습이죠. 노는 게 아니에요. 그리고 준비할 게 뭐 있어요. 간단해요, 학꽁치 잡을 때는 갯지렁이나 새우하고 초장만 있으면 되지……."

"어제도 학교 마치고 방파제에서 실컷 했을 텐데 또 잡고 싶어?"

"예, 매일매일요."

"공부는 언제 할래?"

"학꽁치 잡고 나서요. 호호호."

여학생들이 더 성화였다. 결국 선생님은 아이들의 단체 생떼에 못 이겨 수업 마치고 갈 사람만 가자고 했다. 수업을 마치고 구조라 방파제로 가니 각양각색의 옷을 입은 사람들이 따뜻하지만 아직 거센 바다 바람을 쏘이며 낚시를 하고 있었다. 3학년, 4학년들도 있었다. 재길이와 석훈이, 민찬이도 와 있었다.

"많이 잡았나? 근데 이건 뭐냐?"

"선생님, 엄마가 이걸 주시던데요. 삼겹살이에요."

석훈이 어머니께서 학꽁치 잡으러 간다니 고기도 구워 먹으라며 보낸 것이다.

"이야, 학꽁치 잡으러 와 가지고 삼겹살도 구워 먹겠네."

아이들이 잡은 학꽁치가 빨간 양동이에 벌써 30여 마리나 들어 있었다. 선생님도 얼른 미끼를 달아 학꽁치 낚시를 시작했다. 옆자리에서는 어떤 사람이 씩 웃으며 줄낚을 하고 있었다. 학교 최 주사님이었다. 젊은 시절부터 시작하여 지금 오십이 넘었으니 한 30여 년 정도 학교에서 일을 하신 분이다. 집이 구조라에서 가까운 망치에 있는데 오늘 우리가 낚시하는 줄 아셨나 보다. 아이들은 언제나 놀이기구나 놀잇감을 만들어 주는 최 주사님을 좋아했다. 별명은 쌍칼인데 젊은 시절 좀 놀았다며 허풍을 치시곤 자기 스스로 쌍칼이라는 별명을 지으셨다. 아이들도 '쌍칼 아저씨!' 하며 가끔 놀려 대곤 했다.

"언제 오셨어요?"

"저녁 반찬거리나 하려고 안 왔소. 아이구야 선생님! 새끼들 많이 달고 왔네. 으흐흐. 고기를 많이 잡아야겠네."

선생님이 학꽁치 손맛을 기다리고 있는 동안 두철이는 벌써 열 마리째 낚아 올렸다. 수십 마리씩 떼를 지어 지나가는 학꽁치들은 수없이 던져진 갯지렁이의 몸부림에 유혹당하여 방파제 밑으로 모여들었건만 어째 선생님 낚싯대는 입질이 없었다. 이때 민찬이의 결정적인 말 한마디가 선생님을 무안케 했다.

"선생님, 우리에게는 뭐든 잘하신다더니 낚시는……?"

민찬이의 비꼬는 말에 아이들이 키득키득 웃었다.

"요 녀석들, 내기할까? 누가 더 많이 잡나?"

"예. 시간 재죠. 30분 동안 누가 많이 잡나. 그래서 제일 적게 잡은 세 사람이 많이 잡은 세 사람에게 아이스크림 사 주기. 어때요?"

"오우케이."

"김 선생님! 나도 해 볼까?"

"아하하, 최 주사님도 참……. 줄낚으로 뭘 낚겠다고……."

"길고 짧은 건 대 봐야 알지요. 프로는 연장을 탓하지 않지."

선영이는 시간을 재고 재옥이와 수빈이는 고기를 세었다. 선생님은 두 눈을 크게 뜨고 입질만 기다렸다. 순간 조그만 낚싯대가 요동

쳤다. 작은 요동이다. 선생님은 낚싯대를 힘껏 잡아 올렸다. 학꽁치 한 마리가 물에서 나와 저 푸른 하늘로 쏘옥 날아올랐다.

"앗싸! 한 마리. 어, 어……, 이런."

말이 끝나기 무섭게 학꽁치는 공중에서 떨어져 바다 속으로 들어가 버렸다.

"여기 한 마리, 또 한 마리!"

민찬이와 두철이는 들어가면서 학꽁치를 낚아 올리고 있었다. 선생님이 세 마리를 잡는 동안에 아이들은 열 마리 이상 들어 올렸다. 최 주사님은 그런 주위의 소란에 신경이 쓰이지 않는 듯 한참 만에 줄낚을 건져 올렸다. 한 번씩 올릴 때마다 서너 마리씩 딸려 올라왔다.

"선생님, 너무 멀리 던지지 마세요. 요 가까이에도 많은데 왜 멀리 던져요. 그리고 학꽁치는 입이 길고 가늘어서 세게 당기면 낚시 바늘이 빠져 버려요. 옆으로 살짝 낚아채면 되는데……."

보다 못한 수빈이가 선생님에게 한 수 가르쳐 주었다. 선생님도 수빈이 말이 일리가 있다 싶어 가까운 곳으로 낚시를 던졌다. 확실히 입질이 자주 왔다. 30여 분이 지나고 학꽁치를 세어 보니 두철이가 스물네 마리, 재길이가 열여섯 마리, 석훈이 일곱 마리, 영수 열네 마리, 선생님이 여덟 마리, 민찬이가 스무 마리였다. 선생님은 다섯 번째로, 아이들에게 아이스크림을 사야만 했다. 아이들은 선생님을 이겼다며 환호성을 질렀다. 양동이에는 학꽁치가 가득 담겨 있었다. 아이들과 선생님, 그리고 최 주사님은 구조라 사택으로 왔다.

※

선생님의 사택은 구조라초등학교에 있다. 구조라초등학교가 일운초등학교로 통폐합되는 바람에 사택만 선생님들이 사용하고 있었다. 옆 사택 선생님들은 볼일이 있어 시내에 가고, 아이들과 선생님, 최 주사님이 사택을 차지했다. 최 주사님은 부엌으로 들어가 쌀을 씻고 밥을 하려고 했다. 선생님은 가끔 최 주사님과 함께 놀러 다니거나 방파제에서 횟감을 사다 술도 마시면서 친하게 지냈다.

"뭐 하세요?"

"아따, 야들 밥은 먹여야지."

"학꽁치하고 삼겹살 있는데……."

최 주사님은 선생님 말은 듣지도 않은 채 밥솥에 밥을 안친 후 칼을 들고 들어오더니 학꽁치를 다듬기 시작했다.

"두철아! 니는 저쪽에서 학꽁치 회 썰어라!"

"애들은 위험해서 안 돼요."

"허참! 선생님보다 훨 낫소. 가만있으소. 저기 밥 먹을 수 있게 김치나 내요."

아니나 다를까 두철이는 빠른 손놀림으로 학꽁치 배를 가르더니 이내 횟감을 썰고 있었다. 여기 아이들은 매일 보고 접하는 것이 이런 일이었다. 두철이가 썬 학꽁치 회를 여학생들이 접시에 담고 선생님은 초장을 장만했다. 학꽁치는 이미 반 정도는 죽어 있었다. 꽁치의 급한 성질 때문에 물이 바뀌면 바로 죽어 버리는 것이다. 죽은 학꽁치는 최 주사님이 김치를 듬뿍 넣어 김치찌개로 만들었다. 회, 찌개, 삼겹살 구이로 이루어진 푸짐한 만찬이 차려졌다. 그러고 보니 최 주사님의 찌개 끓이는 솜씨는 일품이었다. 설거지까지 마친 최 주사님은 바쁜 일이 있다면서 나갔다. 선생님은 학꽁치와 삼겹살이 가져다준 느끼함을 지우려고 커피 물을 끓였다.

"너희들은 주스 한잔해라!"

잠시 후 최 주사님이 검은 봉지를 들고 나타나더니 아이들 앞에 획 던지고는 간다는 시늉으로 손을 들고 다시 나갔다.

"어디 갑니까? 커피 한잔하시지……?"

"집에 마누라 기다리는데 가서 저녁 해 주어야지, 흐흐흐."

아이들이 선생님에게 물었다.

"선생님, 최 주사님 월급이 선생님보다 많아요?"

"많지. 나이를 봐라. 우리 아버지 때도 있었다고 하던데……."

재옥이 말에 두철이가 당연하다는 듯이 말했다.

"모르겠다. 그런데 두철이 아버지 때도 계셨다더냐?"

"예, 아버지 5학년 때 오셨대요."

최 주사님은 이 동네 사람이다. 일운면은 거제시 장승포동과 신현읍, 동부면을 경계로 둘러싸여 있는 큰 면이다. 일운면에는 예전에 다섯 개 초등학교가 있었는데 지금은 폐교되고 일운초등학교로 통폐합되었다. 최 주사님은 줄곧 이곳에서 근무하셨다. 손재주가 뛰어나고 기술이 좋아 여러 선생님들은 물론이거니와 아이들도 걸핏하면 최 주사님을 찾았다.

"쌍칼 아저씨는 저번에도 우리에게 아이스크림 사 주셨는데……."

"근데 학교 운동장어 쓰레기 버리면 엄청 혼낸다. '야! 이노무 자식들아!' 하면서 막 쫓아와. 아유, 난 무서워."

아이들은 쌍칼 아저씨에 대해 이런저런 이야기를 하면서 최 주사님 흉내를 내고는 키득거렸다.

"아버지께서 그러시는데요, 젊었을 때 굉장히 똑똑하셨대요."

"그런데 왜 학교 주사님밖에 안 해?"

두철이의 말에 은빈이가 의아해하면서 되물었다.

"학교 주사님이 어때서? 은빈아!"

"아니요, 똑똑하면 성공을 해야지요."

"어떤 게 성공인데?"

선생님은 은빈이가 생각하는 성공에 대한 기준이 궁금했다.

"일단 다른 사람으로부터 인정을 받고 돈도 많이 벌어야 한다고 생각합니다. 그런데 학교 주사님은 그렇지 못한 것 같아요."

"어떤 인정?"

"자기만의 실력을 가지고 그것으로 평가를 받는 거죠."

"오호 그래? 그러면 은빈아, 선생님 같은 교사는 어떠니?"

"그건 성공한 것이라 봅니다. 우리들로부터 인정을 받으니까요."

"야! 그러면 쌍칼 아저씨도 인정을 받으면 성공한 것 아니냐? 최 주사님도 우리들에게 뭐든 만들어 주시고 수업에 필요한 것들도 만들어 주시잖아."

재길이는 은빈이의 말에 수긍을 못하겠다며 따졌다.

"보통의 부모님들은 그렇게 생각하시지 않잖아? 재길이 네 부모님도 그렇게 생각할걸?"

"그건 부모님 생각이고. 그럼 너는 부모님이 성공한 삶이라면 성공이고, 실패한 삶이라면 잘못된 삶이가? 니 생각을 말해야지."

"내 생각도 그래. 그리고 니도 생각해 봐라. 쌍칼 아저씨가 똑똑했다면 서울이나 큰 도시에 가서 성공을 했어야지. 평생 동네를 벗어나지 못하잖아."

"쌍칼 아저씨는 젊었을 때부터 어머님이 혼자 계셨는데 많이 아프셨대. 그래서 어머님을 모시고 살았기 때문이야."

은빈이와 재길이가 절대 지지 않겠다며 언쟁을 벌이자 두철이는 아버지로부터 전해 들은 쌍칼 아저씨 이야기를 들려주었다.

"아프신 부모님을 버리고 대도시로 나가 성공하는 게 과연 성공이냐?"

"……"

두철이의 말에 힌트를 얻은 재길이가 반박하자 은빈이는 말을 하지 못했다.

"그리고 성공하기 위해서는 전부 고향을 떠나야 하는 거야?"

"그건 아니지만 여기서 어떻게 성공하는데?"

"너는 성공의 조건이 다른 사람으로부터 인정을 받는 것이라고 했는데 여기서 인정받으면 되는 것 아닌가?"

"인정 안 해 주잖아. 인정받으려면 돈도 많이 벌어야 되는데……."

"여기서도 돈 버는 사람 많아. 돈만 많이 벌면 성공한 삶이라면 우리 아버지나 니 아버지 모두 성공한 사람들이 아니네?"

"왜 성공이 아닌데?"

"많은 돈을 버는 건 아니잖아."

"그래도 충분히 벌어."

"최 주사님도 충분히 벌어."

재길이와 은빈이는 서로 끝까지 물고 늘어졌다.

"너희 둘은 만나기만 하면 싸우냐? 야! 은빈이 그럼 너는 어떤 사람이 나쁜 짓을 해서 돈을 많이 벌었다면 그것도 성공한 삶이가?"

"야! 바보야 그건 아니지. 정당한 돈이라야지."

이번에는 민찬이가 끼어들었고, 은빈이와 토론을 벌였다. 선생님은 여기서 성공한 삶에 대한 아이들의 생각이 궁금해졌다.

"음, 은빈아, 너는 그러면 어떤 삶이 성공한 삶이니? 구체적인 예를 들어 볼래?"

"사람들로부터 인정받고 돈도 벌 수 있는 직업을 가진 사람들이요. 예를 들어 의사, 변호사, 검사, 교수, 아니면 성공한 기업가 정도 겠죠. 음, 저희 부모님들도 비슷하게 생각하세요."

"우리 엄마하고 똑같네."

수빈이와 은빈이는 서로 마주 보고 하이파이브를 하면서 웃었다.

"그렇다면 너희 부모님이나 선생님은 성공한 사람이 아니구나?"

"그러면 대부분의 사람들이 포함되잖아요."

"그런데 공자님, 석가님, 예수님은 모두 인류의 스승인데, 그분들의 삶은 성공한 삶이니 아니니?"

"성공한 삶이지요."

선생님의 말에 은빈이는 즉각 대답했다.

"사람들로부터 인정은 받았으나 돈은 못 벌었는데?"

"……."

"과정을 보지 않고 결과만 본다면 도둑질한 사람은 모두 성공한 삶이 안 되겠니? 그러나 우리는 이런 사람들을 성공한 사람이라고 하지 않는단다. 그리고 다른 사람으로부터 인정받는 것이 성공한 삶이라면 정치인들은 선거에 당선되었으니까 인정을 받았다고 볼 수도 있는데, 만약 부정과 부패로 법의 심판을 받는다면 그게 성공한 삶이라고 할 수 있겠니?"

아이들은 학꽁치 꼬랑지를 물고서 입을 오물거릴 뿐 아무 말이 없었다.

"성공이란 단어는 참으로 기준이 모호하구나. 어떤 한 사람의 인생을 평가할 때 성공이란 단어보다 그 사람을 잘 평가할 수 있는 단어는 없을까?"

아이들은 저마다 발전, 인정, 행복 등의 단어를 나열했다. 영수가 골똘히 생각하더니 뭔가 발견한 듯 말했다.

"제 생각에는 '가치'라는 단어가 좋을 것 같아요."

"가치라?"

"그러네요, 선생님. 가치라는 말로 바꾸면 되겠네요."

"가치라고 하면 인정이나 돈이나 명예보다도 더 의미가 있을 것 같아요."

"남에게도 자신에게도 중요하니까."

"비록 가난하게 살았더라도 다른 사람을 위한 삶을 살았다면 그것은 성공한 삶도 되지만 가치 있는 삶이에요. 자신도 기쁘고 남도 기쁘고……."

아이들은 가치 있는 삶에 대한 자신의 견해를 말했다. 확실히 성공한 삶과 가치 있는 삶에 대한 접근은 너무나 달랐다.

"가치 있는 삶은 언제나 자기 자신에게 충실하고 열심히 살면서 남도 기쁘게 하는 것 같구나. 최 주사님을 예로 들어 보면……?"

"자신을 희생하면서 병든 어머니 곁을 지킨 것."

"평생을 학교에서 힘든 일을 하시면서도 아이들이 좋아 학교에 계시는 것."

"고향과 학교를 위해 열심히 일하신 것."

"지금처럼 먼 곳까지 오신 선생님을 위해 친구가 되어 주는 것, 술친구. 호호호."

아이들은 저마다 쌍칼 아저씨의 가치 있는 삶에 대한 이야기를 쏟아냈다. 사택 주위에는 고소한 꽁치 냄새가 진동했고 아이들의 배도 부풀어 올랐다.

※

은빈이는 집에 오자마자 가방을 찾았다. 오늘 재길이에게 한 방 먹었다고 생각했기 때문이다. 저번 3월 월말 시험에서 전체 평균이 1점이 더 높아 내심 재길이의 콧대를 꺾어 놓았다고 생각했는데 오늘 완전히 당했다. 이번 주 토론 시간에 재길이의 코를 납작하게 만들어야 했다. 가방을 열어 선생님이 내준 A4 용지를 꺼냈다.

 생각 쑥! 의문 쑥!

누구의 삶이 더 가치 있는가?

원칙적인 삶이 있고, 원칙적이지 못한 삶이 있습니다. 원칙적인 삶을 사는 사람들은 자신이 지켜야 할 도덕, 규율, 법, 규칙, 신념 등이 중요한 가치를 지니며 이것은 어떠한 경우라도 반드시 지켜져야 한다고 봅니다.

그에 반해 원칙적이지 못한 삶을 사는 사람들은 상황과 때에 따라 자신과 사회가 요구하는 가치인 도덕, 규율, 법, 규칙, 신념 등을 바꿉니다.

사람들은 흔히 자신의 원칙을 지키며 살아가는 사람들을 원칙주의자, 원칙을 상황에 따라 바꾸며 살아가는 사람들을 기회주의자라고 부릅니다. 그러면 아래의 두 인물을 통해 어떤 삶이 더 가치 있는지 한 번 생각해 봅시다.

생각해 보기 1

지금으로부터 1,500년 전부터 유럽은 약 1,000년 동안이나 중세 시대였습니다. 중세 시대에는 하나님을 믿고 따르는 종교인 기독교가 지배하고 있었습니다. 모든 사람들은 기독교를 믿고 따랐으며 신부와 교황이 왕과 귀족보다 더 중요한 권력을 가졌습니다.

이때 중세 사람들의 우주관은 천동설이었습니다. 고대 그리스 프톨레마이오스에 의해 정립된 천동설은 지구를 중심으로 태양과 우주 천체가 돈다는 이론이었습니다.

그런데 약 500년 전 르네상스 시대를 맞이하면서 사람들은 많은 사실을 새로 알게 되었습니다. 특히 과학의 발달로 망원경이 만들어지면서 태양이 도는 것이 아니라 지구가 돈다는 것을 발견했습니다. 이것을 지동설이라 부릅니다. 몇몇 철학자나 자연과학자들은 이 사실을 알면서도 말을 하지 못했습니다. 진실을 말하면 종교재판에 회부되어 화형을 당했기 때문입니다. 기독교에서는 지구가 돈다는 사실을 받아들일 수 없었고 지동설이 사람들을 속이는 것이라 보았습니다.

이때 이탈리아에 조르다노 브루노라는 철학자가 있었습니다. 그는 사람들에게 "우주는 무한하며 태양은 밤하늘에 떠오르는 수많은 별들 중 하나"라고 말했습니다. 지금은 누구나 알고 있는 사실이지만 당시엔 많은 사람들이 이를 믿지 않았고 브루노는 로마 교황청에 끌려갔습니다. 교황청에 마련된 재판장에서 로마 교황청은 브루노에게 자신의 주장이 사실이 아님을 말하면 목숨은 살려 준다고 했습니다. 그러나 브루노는 진리를 바꿀 수 없다며 주장을 굽히지 않았고, 결국 불에 타 죽는 화형을 당했습니다.

생각해 보기 2

비슷한 시기에 갈릴레오 갈릴레이라는 과학자가 있었습니다. 갈릴레이는 자신이 개발한 망원경으로 밤하늘의 별을 보면서 지구가 돈다는 것을 알았습니다. 그도 사람들에게 그 사실을 말하다가 교황청에 잡혀갔습니다. 교황청에서는 지동설이 사실이 아니고 천동설이 사실임을 말하면 목숨을 살려 준다고 했습니다. 갈릴레이는 살기 위해서 어쩔 수 없이 거짓을 말해야 했습니다. 그는 거짓을 말했고 풀려났습니다. 교황청 재판장에서 나오면서 그는 속으로 중얼거렸습니다. "그래도 지구는 돈다." 갈릴레이의 이 한마디는 너무도 유명한 말이 되었습니다. 그 후 갈릴레이는 더 많은 연구를 해서 위대한 과학적 업적을 남기고 우리 인류를 위해 많은 공헌을 했습니다.

과제물을 읽어 본 은빈이는 문제가 너무 쉬워서 실망이었다.

"아니, 어려운 토론 주제가 나와야 그 녀석 복수를 할 텐데……. 이건 뭐야. 살아남아서 위대한 업적을 남긴 갈릴레오가 가치 있는 삶이잖아. 죽으면 그걸로 끝인데……. 언니 이거 한번 읽어 보고 언니 생각을 말해 줄래?"

은빈이는 가족들이 보는 앞에서 언니에게 숙제를 보여 주었다. 한참을 읽다가 언니는 이렇게 말했다.

"아니, 뭐 이리 복잡하고 어려운 걸 하니? 생각도 짧은 초딩이……."

은빈이 언니는 이곳 지세포 중학교에서 1, 2등을 한다. 은빈이는 그런 언니가 부럽기도 하고 때로는 밉기도 하다. 그런데 우리는 이런 걸 토론한다고 자랑하려고 보여 주었는데 오히려 언니에게 핀잔만 들었다.

"언니, 니 생각은 뭔데……? 말을 해야지."

은빈이는 잘되었다고 생각했다. 이 기회에 언니의 콧대도 꺾어야겠다고 생각했다. 아니, 언니와 토론해서 설사 설득당하더라도 그걸 바탕으로 내일 재길이를 누르면 되니까 손해 볼 것은 없었다.

"난 말이야. 이 갈릴레오가 더 가치 있는 삶을 살았다고 봐."

"왜?"

"왜가 어딨니? 그냥."

"그런 주장이 어딨노? 주장을 했으면 그 이유를 말해야지, 논리적으로 타당한 이유를 대야지."

"은빈이 말이 맞는 것 같은데……."

어느새 아빠가 은빈이 숙제를 보고 있었다.

"이유는 음……. 죽으면 가치가 없잖아. 그걸로 끝이잖아. 살아서 뭔가를 보여 주어야지."

"어, 내하고도 생각이 같네. 이러면 토론이 안 되는데……."

"아빠는 생각이 다르다. 아빠가 볼 때 조르다노 브루노라는 사람이 더 가치 있는 삶을 살았구나. 목숨을 걸고서라도 지켜야 될 진실이라면 지켜야 되지 않겠니?"

"하지만 죽으면 무슨 소용이에요? 아무 희망도 없는데. 살아서 증명해야지."

언니와 은빈이는 오랜만에 한편이 되어 아빠와 토론하는 게 즐거웠다.

"그러면 안중근 의사는 죽을 줄 뻔히 알면서 왜 이토 히로부미에게 총을 쏘고 일본군에게 총을 쏘았니?"

"그야 민족의 원수를 갚겠다고 그랬겠죠."

"그래. 안중근 의사나 윤봉길, 이봉창 의사가 그런 행동을 한 것은 우리 민족을 짓밟은 일본제국주의에 맞서기 위해서였단다. 덕분에 전 세계는 우리를 다시 보았고, 한국의 독립을 위해 도와주는 나라도 있었고, 실제로 우리 민족 스스로도 엄청난 애국심을 가지게 되었지. 몇 사람의 희생으로 말이다."

"하지만 죽지 않고 살아서 독립운동을 한 투사도 많잖아요?"

은빈이 언니는 수긍할 수 없다는 듯 반박했다.

"그렇지. 어떤 이들은 민족과 조국을 위해 목숨까지 바치면서 독립운동을 했고, 어떤 이들은 끝까지 살아남아 독립운동을 했고, 어떤 이들은 독립운동을 하다 뒤에 변절하여 친일 세력이 되었고, 또 어떤 이들은 아예 처음부터 일본제국주의의 앞잡이가 된 사람도 있고 그렇단다."

"왜 사람마다 다 살아가는 가치가 다르죠?"

"신념의 문제란다. 브루노는 이것은 진리이기 때문에 절대로 거짓말을 하면 안 된다는 자신의 신념이 있었고, 그 신념을 꼭 지켜야 한다는 것도 자신의 신념이었지. 하지만 갈릴레이는 죽기보다는 살아서 더 많은 진실을 밝히는 게 좋다는 게 자신의 신념일 수 있으니 그런 행동을 한 거지. 아빠가 볼 때는 조르다노 브루노가 더 용기 있는 사람 같구나."

그날 저녁 은빈이는 잠자리에서 내내 '신념'이라는 단어를 떠올렸다.

※

일주일이 지나 어린이 철학 시간이 다가왔다. 아이들은 저마다의 이야기보따리를 펼치면서 쉬는 시간부터 난리였다.

"오늘은 세 번째 시간이다. 자, 조사학습부터 해 보자. 누구 '중세 시대' 조사한 사람?"

"예. 중세 시대란 고대 로마제국의 몰락 후부터 근대 학문과 예술의 부흥을 보게 되는 15세기 르네상스 시대 전까지, 기독교적 세계관을 가진 시대입니다."

"재길이가 잘 발표했네, 그러면 누가 '르네상스'에 대해 발표해 볼까?"

"14~15세기에 이탈리아에서 시작되어 유럽 사회로 퍼진 르네상스는 학문 또는 예술의 재생·부활이라는 의미를 가지고 있으며, 고대의 그리스·로마문화를 이상으로 하여 이들을 부흥시킴으로써 새 문화를 창출해 내려는 운동입니다."

"우와. 웬일? 내일 해가 서쪽에서 뜰라."

아이들은 두철이의 발표가 끝나자 박수를 치면서 칭찬해 주었다.

"잘 발표했어. 그러면 오늘 토론 주제의 문제의식은 뭘까?"

"간단합니다. 끝까지 진실을 말하고 죽을 것인가? 아니면 거짓을 말하고 살아서 더 많은 업적을 남길 것인가? 그래서 어떤 삶이 더 가치 있는가를 한번 따져 보자는 거죠."

"그렇지! 은빈이가 잘 발표했네. 자, 그러면 토론에 앞서 조르다노 브루노의 삶이 더 가치 있다고 생각하는 사람은 손을 들어 볼까?"

여덟 명이었다.

"갈릴레이가 더 가치 있다. 손을 들어 보자."

제3주제 어떤 삶이 더 가치 있는가?

열다섯 명이다. 선생님은 약간 놀랐다. 사실 이 주제를 만들고 나서 압도적으로 브루노 쪽에 기울지 않을까 하고 내심 걱정을 했는데 예상외의 반응이었다. 왜 이런 결과가 나왔는지 궁금해졌다.

"자, 그러면 한 10분에 걸쳐 1차 모둠 토론을 하도록 하자."

선생님의 말에 아이들은 재빠르게 모둠 토론으로 분단을 만들어 1차 토론에 들어갔다. 재옥이는 벌써 재길이와 한판 붙고 있었다.

"사실 죽음 앞에서 진실을 말하기가 쉬운 건 아니지? 나는 갈릴레오를 이해한다. 죽는다는 것은 모든 것을 포기하는 거잖아."

"그러나 자신 스스로가 거짓인 줄 뻔히 알고 있는데 어떻게 많은 사람들이 보는 앞에서 거짓말을 할 수 있지? 그것도 용기가 필요할 것 같은데……."

"사람들은 때에 따라서 거짓말을 하잖아. 재길이 너는 거짓말한 적 없냐?"

"있긴 있지. 하지만 많은 사람들 보는 앞에서 어떻게 거짓말을 할 수 있지?"

재길이의 도덕적 접근에 재옥이가 대꾸를 못하자 명곤이가 거들었다.

"거짓말하지 않으면 죽는데 어떡해?"

"갈릴레오는 지구가 돈다는 진실을 알고 있으면서도 결국 죽음이 두려웠던 거야. 죽음 앞에서도 끝까지 진실을 밝힌 브루노가 대단하고 용기 있는 사람이야!"

재길이는 진실을 위해 용기 있는 죽음을 택한 조르다노 브루노를 끝까지 변호했다. 이때 은빈이가 자신의 입장을 얘기했다.

"나는 어제 잠자기 전 누워서 곰곰이 생각해 보았는데, 얼마나 뜨겁겠니? 고통스러울 거야. 그런 고통을 알면서도 진실을 말해야 한다는 것은 용기만으로는 부족하다고 생각해."

사실 은빈이는 이번 기회에 번번이 자신과 상반된 의견을 펼치는 재길이를 골탕 먹이려 했는데 어제 저녁 가족과 이 주제를 토론하고 나서 생각이 바뀌었다.

"은빈이 너, 재길이와 비슷한 생각을 하고 있잖아. 이거 재미없겠는데……."

재옥이가 말했다.

2모둠은 조용하게 토론을 진행하는 반면에 민찬이와 석훈이가 있는 5모둠은 마치 참새 떼가 모여든 것처럼 시끌벅적했다. 민찬이와 석훈이, 수빈이는 마치 기회가 온 것처럼 한슬이를 몰아세웠다.

"그래서 거짓말하고 살면 뭐 하노? 너희들도 그리 살래?"

"야! 살아서 더 많은 업적을 남겼잖아. 사실 당시에 지동설이나 천동설이 뭐 그리 중요했겠어? 그냥 낮에 하늘을 보면서 '아, 태양이 저기서 저기로 지는구나.' 하고 생각하면 되지. 요즘처럼 우주나 달나라로 로켓을 쏘아 올리는 시대도 아닌데……."

"민찬이 말이 맞아. 죽으면 그걸로 끝이야 끝. 그러면 오늘날 많은 과학적 업적도 없겠지, 안 그래?"

"그런 업적은 다른 사람이 시간은 좀 걸리겠지만 언제든지 만들 수 있다고 생각해. 하지만 조르다노 브루노가 거짓말을 하고 풀려났다면 어느 누가 진실을 말하려고 하겠어. 브루노와 같은 사람이 있었기 때문에 또 다른 누군가가 용기를 가지고 진실을 말했을 것 아냐?"

"한슬이 너 말대로 브루노와 같은 삶이 가치가 있다는 것을 인정해. 그러나 오직 죽음으로써 진실을 말하는 방법밖에 없었을까? 비록 그때는 비겁하지만 거짓을 말하고 자신이 발견한 진실을 증명하기 위해 조금씩 노력할 수도 있을 것 같은데……. 남아 있는 가족들은 얼마나 슬프겠어? 나는 아무리 진실이 중요해도 자신의 생명보다 소중하다고는 생각지 않아."

수빈이는 브루노의 삶이 가치는 있지만 그래도 생명을 쉽게 포기한 것은 잘못되었다고 생각했다. 모둠 토론이 10분 정도 이어지자 선생님은 전체 토론으로 들어가자고 했다.

"토론의 순서는 자유다. 모둠 토론을 하면서 주장이 더 확실해지거나 바뀐 것도 있을 거야. 자신의 생각을 더욱 발전시켜 주장을 펴 보도록 해라. 그래, 한슬이가 먼저 발표해 볼까?"

"저는 브루노의 삶이 더 가치가 있다고 생각합니다. 불에 타 죽는 화형을 당할 줄 뻔히 알면서도 끝까지 진실을 말했어요. 당시에는 기독교의 법이 세상을 지배하던 시대인데 그걸 혼자서 거부한다는 것은 정말로 대단한 용기라고 생각합니다."

"조르다노 브루노는 진실을 말하고 죽었습니다. 갈릴레오는 거짓을 말했습니다. 그러나 재판장에서 나오면서 지구는 둥글다고 말했습니다. 비록 거짓말을 했지만 그 자리에서 어느 누가 진실을 말할 수 있겠습니까? 그것이 거짓인 줄도 알고 잘못되었다는 것도 알았습니다. 그는 살아남아서 자신이 직접 증명해 보였고, 또 더 많은 과학적 업적을 남겼습니다. 이 정도면 충분히 가치 있는 삶이라 생각합니다."

"저도 민찬이 의견에 동의하는데요, 사실 숙제 보고 처음으로 조르다노 브루노란 사람을 알았습니다. 여러분 중에 이미 알고 있던 사람 없잖아요? 우리는 모두 갈릴레이 갈릴레오는 잘 압니다. 그만큼 갈릴레오가 더 유명하다는 것 아닙니까? 이는 갈릴레오가 인류를 위해 더 많은 업적을 남겼다는 말입니다. 그래서 갈릴레오의 삶이 훨씬 더 가치 있다고 생각합니다."

"석훈이 말대로 업적이 많다고 훌륭하다면 거짓도 나쁜 일이 아닌 게 됩니다. 한 사람은 죽어 가면서도 진실을 말했고 한 사람은 죽음이 두려워 거짓을 말했습니다. 과연 누구의 삶이 더 훌륭한 삶입니까?"

재길이의 말에 석훈이는 주먹을 쥐고 책상을 꽝 내려치면서 말했다.

"어쨌든 갈릴레오가 최고야. 죽으면 그걸로 끝이니까."

"재길이는 그렇게 말하면 안 됩니다. 만약 거짓말을 하고 그냥 비참하게 살았다면 그 사람을 아무도 기억하지 않을 것입니다. 그러나 그 사람이 훗날 좋은 일을 많이 했다면 가치는 달라지는 겁니다. 저는 브루노가 좀 '오버'했다는 생각도 들고요."

수빈이가 '오버'했다는 표현을 사용하자 은빈이가 정색을 하며 되물었다.

"그게 왜 오버입니까?"

"아니 불에 타 죽는데……, 말 한마디면 사는데……."

수빈이의 말에 이번에는 은휘가 반론을 제기했다.

"그러니까 용기 있는 행동이지……."

"사람들이 대부분 나쁜 짓을 보고도 모르는 척하는 것은 용기가 없기 때문이라는 생각이 드네요."

한슬이의 말에 이어 영수도 용기가 필요하다며 거들었다.

"술 취한 일본인을 구하고 자신은 전동차에 치여 죽은 이수현 씨 같은 사람도 용기가 있었기 때문에 가능한 거지요. 그곳에 다른 일본인도 많았지만 전부 쳐다보고만 있었다고 하더군요."

"음, 용기 있는 행동이라고 했는데, 브루노 같은 경우는 용기 있는 행동이라는 것만으로 설명할 수 있을까?"

"어제 저는 집에서 이 문제를 가지고 토론을 해 보았어요. 저는 갈릴레이의 삶이 더 가치 있다고 보았거든요. 그런데 아버지께서 하시는 말씀을 들어 보니까 신념인 것 같아요."

"신념이라……, 어려운 용어인데……. 신념이 어떤 의미로 쓰일까요? 은빈이 혹시 알아보았니?"

"어제 고민하다 신념을 사전에서 찾아보니 '굳게 믿어 의심하지 않는 마음' 또는 '어떤 사상이나 명제나 법칙을 진실한 것으로서 승인하고 수용하는 마음의 태도'라고 되어 있었어요. 제 생각에 사람이 옳다고 믿어 의심하지 않는 마음과 그것을 지키려고 하는 마음을 말하는 것 같았습니다. 그러니까 브루노에게 자신의 주장은 새로운 진리였고, 그렇기 때문에 그것을 지켜야 한다는 신념이 있었던 것 같아요."

"진리를 지켜야 한다는 신념?"

선생님이 다시 은빈이에게 재차 질문을 하자 수빈이가 대답했다.

"그것보다는 거짓말을 하지 않아야 한다는 신념 아닐까요?"

"수빈이 너는 주장을 바꾼 거니?"

재길이는 혹시 수빈이가 논리적 오류를 범한 것은 아닌가 싶어 급하게 물었다.

"아니, 신념이니까 설명하는 거잖아."

"아무리 신념이라도 목숨보다 소중하겠어요? 저는 생명보다 중요한 것은 없다고 봅니다. 생명을 구하고 나서 자신의 신념을 지키면 안 될까요?"

신념의 등장으로 토론이 불리해지자 이번에는 민찬이가 이의를 제기했다.

"저희 아빠가 신념이라는 것이 쉽게 변하는 것이 아니랍니다. 일제강점기의 안중근 의사나, 윤봉길, 이봉창 의사의 의거는 말 그대로 의로운 행동입니다. 오직 조국의 독립을 이루어야 한다는 신념

제3주제 어떤 삶이 더 가치 있는가?

때문에 가능했던 일입니다. 신념은 한 사람을 전혀 다른 사람으로 만들 수 있다고도 했습니다."

"은빈이 아버지께서 아주 좋은 설명을 하셨구나."

"그러나 신념보다는 신념을 버리고 더 많은 업적을 남기는 것이 때로는 더 좋을 것 같은데요. 지금 우리 초등학생은 갈릴레오는 알아도 조르다노 브루노는 모르잖아요."

재옥이가 그럼에도 불구하고 갈릴레오의 삶이 더 가치 있다고 말하자 지혜가 입으로 중얼거렸다.

"그래도 거짓말은 나쁜 건데……."

그런 지혜가 답답한지 두철이가 한마디 쏘아붙였다.

"때에 따라서 좋은 거짓말도 있거든."

"너는 항상 나쁜 거짓말만 하잖아."

"우하하하! 은휘 짱이다."

은휘가 그런 두철이를 비꼬아 말하자 아이들은 크게 웃었다. 아이들은 몇몇을 빼고는 자신의 주장을 처음부터 끝까지 밀고 나갔다. 선생님은 이제 정리할 시간이라 생각했다.

"오늘 조르다노 브루노와 갈릴레오 두 사람의 인생관을 가지고 여러 얘기를 나누어 보았는데 선생님 생각으로는 둘 다 모두 가치가 있다고 생각이 드는구나."

선생님의 말이 끝나자마자 아이들은 우우 야유를 보냈다.

"당시에 기독교적 세계관은 하나님이 만든 이 세계가 우주의 중심이라고 보았는데 새로운 생각과 세계관을 가진 철학자나 과학자들이 나타난 거야. 중세 시대 신부나 학자처럼 가만히 앉아서 별과 자연과 세계를 관찰한 것이 아니고 직접 실험을 해 보고 법칙을 만들며 또 그것을 증명하기 위해 직접 기계를 제작하고 증명했단다. 그러다 보니 이전과 전혀 다른 사실과 진리들이 발견된 거야. 저번 시간에 얘기했는데 코페르니쿠스, 데카르트, 프란시스 베이컨, 갈릴레오 등 많은 철학자나 과학자들의 등장을 교황청에선 교회 권력에 맞서는 도전으로 본 거야. 아주 위험한 세계관으로 본 거지. 그래서 위험한 사상을 퍼뜨린다는 죄목으로 화형을 시키거나 처형하거나, 또는 다른 나라로 추방했단다. 이런 상황에서 철학자나 과학자들이 자신의 주장을 편다는 것은 엄청난 대가를 치를 수밖에 없었단다. 어떤 사람은 교회 권력에 맞서고자 했고, 또 어떤 사람은 잠시 자신의 주장을 유보하고 더 많은 증거와 진리를 찾고자 했었지. 대표적인 사람이 브루노와 갈릴레오라고 보면 되겠네."

"당시의 사람들에게는 엄청난 희생을 요구한 거네요."

"그렇다고 볼 수 있다, 한슬아. 자신의 신념을 저들 앞에 끝까지 지키면서 진실을 말하느냐, 아니면 비록 거짓을 말하더라도 잠시 참고 진실을 더 밝혀내느냐? 이 갈림길에서 많은 고뇌가 있었지."

"아! 선생님, 신념이 무서운 거군요."

우석이는 감탄한 듯이 입을 크게 벌리며 말했다.

"당연하지. 예전에는 한때 공산주의자였다는 사실로 감옥에 갇히기도 했단다. 자신의 신념 때문에 30~40년을 감옥에서 지내는 사람도 있었단다. 간단히 공산주의를 포기하고 대한민국의 법을 지킨다는 서약서인 준법서약서 한 장만 쓰면 되는데 안 쓰는 거야."

선영이는 이해할 수 없다는 듯 "왜죠?" 하고 물었다.

"자신의 신념을 버린다고 생각하니까 그래. 신념이라는 것이 사람을 위대하게 만들기도 하고, 엄청난 희생을 요구하기도 한단다. 자신의 인생과 신념에 따라 서로 선택하는 길은 다르단다. 여러분도 각자 신념에 따른 선택을 해야 할 때가 언젠가는 올 거야. 모두 자신과 세계를 위해 가치 있는 선택을 하길 바란다."

"선생님은 어떤 사람의 삶이 더 가치 있다고 보나요?"

"음, 두철이가 선생님을 곤란하게 만드네. 선생님도 곰곰이 생각해 봤는데 참으로 난처했단다. 이 말로 대신할게. 브루노가 한 유명한 말이 있단다. '말뚝에 묶여 있는 나보다 나를 묶고 불을 붙이려 하고 있는 당신들이 더 공포에 떨고 있다!' 오늘 어린이 철학은 이것으로 마치고 집에 가기 전까지 나머지 부분 완성해서 제출하도록 해라."

오후 3시경 아이들이 가고 난 후 선생님은 어린이 철학 숙제 용지를 펼쳐 보았다. 선영이의 보고서에서 '토론을 더 잘하기 위해서 상대방의 이야기를 듣고, 비판할 것은 비판할 줄 알아야겠고 독서를 많이 해서 논리적으로 말할 수 있게 해야겠다.'라는 의견이 적혀 있었다. 아이들이 어린이 철학을 하면서 무엇이 필요한지 깨달아 가는 것 같았다.

　우스운 것은 두철이와 석훈이었다. 두철이는 글을 읽고 깨달은 점에 대해서 '발표는 하는 사람은 하고 안 하는 사람은 안 한다는 것을 알았다.'라고 적었고 석훈이는 '끝까지 죽지 않고 살아야 승리자다. 죽으면 패배자다.'라고 적었다.

유쾌하고 재미있는 괴짜 철학자들

서양 철학의 아버지, 소크라테스

소크라테스 이전의 철학자들은 자연과 세계에 대해서만 관심을 가졌습니다. 소크라테스는 바로 인간 '자신'에게 관심을 가진 최초의 철학자입니다.

'내가 아는 유일한 사실은 내가 아무것도 모른다는 사실이다.' 소크라테스의 이런 생각은 아테네의 젊은이들에게 무지를 깨달을 때 참된 진리를 발견할 수 있다는 사실을 깨우쳐 주었습니다.

소크라테스(기원전 469~399).

소크라테스는 코가 넓죽하고 배가 쑥 나와 용모가 매우 흉했고 언제나 낡고 초라한 옷을 몸에 걸치고 맨발로 돌아다녔습니다. 더위나 추위, 굶주림, 목마름 등에 무관심했고, 길을 가다가도 생각하는 버릇이 있어서 언제나 약속 시간을 훌쩍 넘겨서 나타나곤 했습니다.

그의 아내는 악처로 이름이 높은 크산티페였습니다. 크산티페는 소크라테스가 돈을 벌 목적으로 철학을 가르치는 것이 아니라는 사실 때문에 괴로워했습니다. 언젠가는 하루 종일 친구와 제자들과 토론을 하는 소크라테스에게 심한 욕을 퍼부었습니다. 소크라테스가 아무런 반응이 없자 화가 난 크산티페는 물이 가득 들어 있는 오물통을 들고 들어와서 소크라테스의 머리 위에 쏟아부었습니다. 이런 모욕을 당한 소크라테스는 화난 기색도 없이 태연하게 "허허, 날씨도 어지간하군. 광풍이 심하게 일더니, 또 소나기가 쏟아지는군." 하고 말했습니다. "결혼을 해야 옳으냐, 안 해야 옳으냐?"에 대한 질문을 받으면 소크라테스는 "결혼을 하시오. 좋은 아내를 얻으면 행복할 것이고 나쁜 아내를 얻으면 철학자가 될 테니까." 라고 대답했습니다.

억울한 누명으로 사형 선고를 받은 소크라테스는 탈옥하라는 친구의 말에 '악법도 법'이라는 말을 남기며 독배를 마십니다. 그리고 신전에 바칠 때 빌린 '닭 한 마리'를 대신 갚아 달라고 부탁하면서 죽습니다.

제4주제 행복하다는 것은 즐겁다는 것인가?

개학하고 나서 한 달이 지났다. 민기는 계속 결석이다. 선생님은 민기의 병이 더 심각해지는 건 아닌지 걱정이 앞섰다. 민기는 초등학교 3학년 때 백혈병에 걸렸다. 좀 나아지는 듯싶더니 작년부터는 아예 학교에 나오질 못했다. 일단 학교 측의 배려로 6학년으로 올라갔지만 병은 나아지지 않았다. 선생님은 방과 후 아이들과 함께 민기 집을 방문하기로 했다.

민기의 집은 하얀 벽돌에 빨간색 지붕이 있는 집이었는데 전망이 좋았다. 선생님과 친구들이 방문한다는 소리를 듣고 민기는 기분이 좋아 어쩔 줄 몰라 했다. 근 2년 만에 보는 친구들이었다. 친구가 아프면 병문안도 자주 해야 하지만 워낙 중병이라 아이들도 선생님도 선뜻 방문하지 못했다.

민기는 좁은 방에서 하루 종일 컴퓨터와 게임, 독서를 하며 지낸다고 했다. 민기의 책상에는 초등학교 참고서가 놓여 있었다. 병이 나으면 다시 학교에 다녀야 하므로 시간 날 때마다 부모님과 함께 공부를 하고 있었다.

민기는 머리카락이 전부 빠져서 병약함이 얼굴에 그대로 나타나 있었다. 그걸 본 아이들은 처음에 무척 당황해했다. 민기는 슬그머니 모자를 가져다 썼다. 민기가 제일 좋아하는 LA 다저스 모자였다. 선생님과 부모님이 이런저런 이야기를 하는 동안에도 아이들은 서로 눈치만 보고 있었다.

"민기야, 하루 종일 심심하지 않니?"

선생님의 말에 민기는 고개를 끄덕거렸다.

"그래도 컴퓨터 채팅을 할 수 있어서 조금 나아요. 여러 사람들과 얘기할 수 있으니까요."

"그래도 직접 만나서 이야기하고 놀아야 하는데……."

"……."

순호의 말에 민기는 말이 없었다.

"우리가 놀러 와야지."

"아직 학교에 민기 니 책상도 있다."

"그래, 민기야 한번 학교에 놀러 오거라. 민기 어머니, 어때요, 민기 바깥나들이 가능할까요?"

"조금은요, 그러나 오래는 불가능해요. 의사 선생님도 외부와의

접촉을 피하라고 했는데……, 햇빛이라도 한번 보아야 되는데…….''
 민기 어머니는 눈에 고인 눈물을 손수건으로 닦으면서 선생님과 오랫동안 얘기를 나눴다.
 "그럼 모레 뵙죠. 민기야! 모자 쓰고, 마스크 하고 오너라."
 아이들과 선생님은 잠시 다과를 즐기다가 민기 집을 나왔다.
 "민기가 참 안됐어. 유치원 때 우리 골목대장이었는데……."
 "나는 3학년 때 짝지였어."
 "백혈병이니까 그런지 얘가 너무 작아."
 "선생님, 그런데 왜 머리카락이 거의 없죠?"

아이들은 민기 집을 방문하고 난 후 그곳에서 못다 한 이야기를 선생님에게 털어놓았다.

"선생님, 왜 백혈병에 걸려요?"

"백혈병은 사람 골수에 존재하는 혈액 세포에 악성 변형이 생기기 때문이야. 이런 악성 세포들이 이상적으로 증식해서 정상적인 백혈구, 적혈구, 혈소판 등을 생성하는 걸 방해하지. 그래서 치료받지 않으면 감염, 빈혈, 출혈 등의 합병증으로 사망하게 돼. 이것은 약물로 치료해야 하는데 항생제가 너무나 독해서 머리카락이 전부 빠져 버린다는구나."

"민기가 너무 안됐어. 아까 머리 보고 너무 놀라 쳐다보지도 못했어."

"우리는 건강하니까 참 행복한 것 같아. 가족 중에 누군가 아프면 정말 불행할 거야. 민기 집은 얼마나 걱정일까……."

"소라야, 왜 몸이 건강하면 행복하니?"

"오늘 민기를 보니까 건강이 최고인 것 같아요."

"그래도 민기는 오늘 즐거워하더라. 오랜만에 너희들을 보아서 그런지……."

"그래요, 얼굴은 창백한데 계속 우리를 보면서 웃고 있었어요."

"민기를 보니까 건강한 우리가 참 행복하다는 생각이 드는데 기쁘지가 않네. 왜일까?"

"기분이 이상해서 그렇겠지."

소라와 선영이, 은휘는 서로 말을 주고받으면서 걸어갔다. 그 둘을 보고 뒤에서 선생님이 한마디 했다.

"행복하다는 것은 즐겁다는 것 아냐?"

※

오늘 민기가 온다는 소식에 교실은 떠들썩했다. 풍선과 리본으로 장식을 꾸미고 과자와 초코파이로 케이크도 만들었다. 어제 선생님은 두 시간 정도 민기와 반 아이들이 함께할 수 있도록 민기 어머니와 약속을 잡았다. 민기 어머니가 민기를 학교까지 데려왔다. LA 다저스 모자를 쓰고 마스크를 한 채 교실에 들어온 민기는 아이들이 꾸민 풍선과 리본을 보면서 활짝 웃었다. 마치 갓난아이가 엄마를 볼 때 짓는 그런 웃음이었다.

민기가 초코파이에 있는 불을 끄자 아이들은 박수를 치면서 환호성을 질렀다. 특히 두철이가 너무 기뻐했다. 민기는 근 2년여 만에 학교에 온 것이었다. 비어 있던 자신의 자리에 앉자마자 민기의 눈에는 이슬이 맺혔다. 3학년 때의 짝지 순호가 손수건으로 민기의 눈물을 살짝 닦아 주었다. 아이들은 순간 침묵하면서 민기를 지켜보더니 이내 다시 웃으면서 떠들었다.

쉬는 시간에는 1반 아이들도 와서 민기에게 인사를 했다. 마스크를 한 민기는 쉽게 말은 안 했지만 눈에는 웃음이 번졌다. 현경이는 그림편지를 주고, 말하기 좋아하는 영수는 민기가 없는 사이 벌어진 일을 말하느라 정신이 없었다. 그런 광경을 지켜보던 선생님의 입가에는 미소가 떠올랐다. 두철이는 민기에게 계속 말을 걸고 어깨동무를 했다.

그때 두철이 눈에 민기의 모자가 띄었다.

"앗! LA 다저스 모자다!"

순식간에 벌어진 일이었다. 두철이는 너무 반가워 민기의 모자를 벗겨 자기 머리에 가져갔다. 순간 아이들은 모두 얼음이 되어 버렸다. 두철이는 LA 다저스 모자를 쓰고는 "민기야, 어때 내도 잘 어울리나?" 하며 연신 싱글벙글 웃었다. 순간 두철이는 아차 싶었다. 두철이도 입이 얼어 버렸다.

"……."

여자아이 몇몇이 "어머!" 하고 낮은 비명을 질렀다. 아예 비명 소리가 없는 게 더 나을 뻔했다. 낮은 비명 소리였지만 모든 아이들의 시선이 민기를 바라보고 있었다. 민기도 약간 당황한 듯했다. 잠시 침묵이 흘렀다. 민기의 머리에는 천 개, 아니 백 개도 안 되는 힘없는 머리카락이 듬성듬성 나 있을 뿐이었다. 두철이는 어쩔 줄 몰라 얼굴이 벌겋게 달아올랐다.

민기는 조용히 두철이의 머리 위에 있는 모자를 가져다 다시 자신의 머리에 썼다. 그러곤 다시 책상을 어루만졌다. 선생님도 순간 당황해서 의자에서 일어서 앉지도 못했다.

"니 또 사고 쳤나. 빨리 민기에게 사과해라!"

날카로운 재옥이의 목소리와 함께 아이들은 두철이의 행동을 도저히 용납하지 못하겠다는 표정으로 쳐다보았다.

"민기야! 미안하다. 내가 모르고……."

"……아니, 괜찮아. 이게 내 모습인데, 뭘……."

민기는 아무렇지도 않은 듯 교실을 두리번거렸다. 아이들과 두철이는 너무 당황해서 뭘 해야 할지도 몰랐다. 두철이는 일어서지도, 앉지도 못했다. 선생님은 가만히 민기에게 다가가 귓속으로 뭔가를 소곤댔다.

"두철이가 박찬호 팬인 모양이다."

그러자 민기의 얼굴에서 웃음이 살짝 묻어 나왔다. 민기가 웃자 아이들도 그제야 마음 놓고 웃을 수 있었다.

　아이들은 운동장으로 몰려 나가 두 편으로 나누어 피구를 했다. 민기는 심판을 보았다. 피구가 끝나자 민기는 아이들과 학교 이곳저곳을 다니면서 옛 기억을 떠올리고 웃었다. 어느덧 두 시간이 흘러 이제 민기가 돌아갈 시간이 되자 아이들은 민기에게 건강에 대한 염원을 담은 종이학 천 마리를 병에 넣어 주었다. 민기가 온다고 한 사람당 30마리 이상 접기로 자기들끼리 약속을 한 것이다. 1반과 2반 학생이 함께 접은 종이학이었다. 어제 점심시간 때 열린 학급회의를 통해 결정한 사안이었다. 남자아이들 세 명은 직접 휠체어를 밀면서 민기 집으로 향했고 몇몇 여학생들은 눈물을 흘리면서 배웅했다. 두철이는 꼭 따라가야 한다면서 웃으며 민기를 따라갔다. '녀석 참, 넉살도 좋아.' 하고 선생님은 생각했다.

 생각 쑥! 의문 쑥!

가장 행복했을 때와 그 이유 찾기

　행복하다는 것은 몸과 마음의 욕구가 충족된 상태를 말합니다. 그러나 그 몸과 마음의 만족이 어느 정도인지, 어떻게 느끼는지에 따라서 행복의 정도와 만족도는 다릅니다. 또 자신이 자라온 환경과 생활, 문화, 교육의 차이에 따라서도 행복의 정도와 반응이 다릅니다.

행복을 수치로 정확하게 나타낼 수 있을까요? 행복을 누구나 다 같게 일률적인 방법으로 측정할 수 있을까요? 만약 누군가가 행복을 일반화할 수 있는 장치나 프로그램을 가지고 있다고 해도 그것으로 사람들이 행복해질 수 있을까요?

생각해 보기 1

서울에 사는 김복동은 항상 가난해서 어릴 때부터 절약하는 습관이 들었습니다. 그런데 요즘 경기가 안 좋아 걱정이 늘었습니다. 그러던 차에 얼마 전에 산 복권이 당첨되어 너무나도 기쁘고 좋았습니다. 사업 자금도 마련할 수 있어서 행복했습니다.

하지만 얼마 전부터 '남은 돈은 어디에 쓸까?' '도둑이나 강도가 들면 어떡하나?' 하는 걱정이 들었습니다. 설상가상으로 먼 친척과 이상한 단체에서 돈을 기부해 달라는 전화가 매일 걸려 오고 낯선 사람도 자주 방문해서 하루도 편할 날이 없었습니다. 가족들은 결국 다른 곳으로 이사를 가기로 마음먹었습니다. 그러나 어떻게 알았는지 새로 이사 간 곳에도 매일 전화가 오고 찾아오는 사람들이 많아 점점 힘들어졌습니다.

생각해 보기 2

경지는 곤충을 좋아합니다. 미래 꿈도 곤충학자입니다. 어제는 아버지와 곤충 사육장에 가서 많은 곤충을 보고 그중에서 자신이 가장 좋아하는 사슴벌레 곤충을 세 마리 사 왔습니다. 집에 돌아온 경지는 새벽까지 그 곤충과 노느라 아침까지 늦잠을 자고 말았습니다. 당연히 학교에 지각해 선생님께 꾸지람을 들었지만 기분은 최고였습니다.

생각해 보기 3

컴퓨터게임을 좋아하는 재우는 오늘 어머님이 집에 안 계셔 친구들을 초대해 집에서 친구들과 컴퓨터게임을 했습니다. 게임을 하다가 배가 고프면 냉장고에서 과일도 꺼내 먹고 맛있는 라면도 끓여 먹었습니다. 친구와 맛있는 라면, 그리고 즐거운 게임도 좋았지만, 무엇보다도 재우를 기쁘게 한 것은 늘 간섭하는 어머님이 없다는 사실이었습니다. 그러나 날이 저물수록 걱정이 앞섭니다. 오늘 따라 선생님께서는 왜 그리도 숙제를 많이 내주시던지……. 시간이 갈수록 걱정이 자꾸 늘어 갑니다.

생각해 보기 4

이제 일주일 뒤면 수학여행을 갑니다. 은희는 그날이 기다려져서 요즘 잠도 잘 오지 않습니다. 거제에서는 좀처럼 찾아가기 힘든 놀이동산에 갈 수 있기 때문입니다. 이번 여행 계획이 잡혔습니다. 제일 먼저

> 바이킹을 꼭 타 보고 싶습니다. 그리고 독수리 요새, 청룡열차, 범퍼카 그리고 자기가 마음속으로 좋아하는 영수와 같이 '귀신의 집'에 꼭 들어가 볼 생각입니다. 요즘 그 생각을 하면 먹지 않아도 배가 부릅니다.

어린이 철학 시간이 되자 아이들은 저마다 보고서를 펼쳐 놓고 자리를 정돈했다.

"오늘은 토론의 순서를 거꾸로 해 보자. 먼저 발표를 하고 토론을 한 후 모둠 토론으로 정리를 하자. 자, 그러면 행복이 뭔지 발표해 볼까? 응, 선영이가 먼저 할까?"

"행복이라는 것은 아무 걱정거리가 없는 것입니다."

"걱정거리가 없어도 괜히 외롭거나 쓸쓸할 때가 있습니다."

"그러네. 그러면 행복한 게 아니지."

수빈이가 선영이의 의견에 반론을 제기하자 은빈이도 수빈이에게 동의했다.

"사전에는 '마음에 차지 않거나 모자라는 것이 없어 기쁘고 넉넉하고 푸근함, 또는 그런 상태'라고 되어 있었습니다."

"음, 어려운데. 명곤아, 그 말이 무슨 뜻이지?"

"저도 이 말이 도무지 이해가 안 되어서 아는 고등학생 형에게 물어보니 '중용의 삶'이라고 했어요."

"오호! 더 어려운데. 중용의 삶? 그건 또 무슨 뜻이지?"

"저도 도무지 이해가 안 되어 아는 형에게 또 물어보니 어느 한쪽으로 치우치거나 넘침이 없는 상태라고 했습니다. 제 생각으로는 욕심을 부리지 않는 것으로 보면 될 것 같습니다."

아이들은 명곤이가 말할 때마다 와하하 하고 웃었다.

"명곤이는 고등학생 형들하고 잘 지내나 보네. 그러나 왠지 욕심 없는 삶이라고 하니 더 어려워 보이는구나. 사람이 욕심이 없을 수 있을까?"

"있죠. 우리 성당 신부님."

"목사님도 있고, 스님도 있네."

선영이 말에 두철이도 의견을 덧붙였다. 그러자 은휘도 자신의 할머니가 욕심이 없다고 했다.

"아니지. 목사님은 우리 보고 막 교회에 오라고 그러잖아. 그것도 욕심의 한 종류 아닌가요?"

"그건 아닙니다. 우리를 하나님의 세계로 인도하시려고 그러는 것이니 욕심은 아니라고 생각합니다."

재옥이가 선영이의 말에 이의를 제기하자 선영이는 미간을 찌푸리며 다시 반박했다.

"교회에 가면 성금을 내지 않습니까? 절에 가더라도 절할 때 돈을 내던데 그건 왜 내는 거예요?"

"아이참, 한슬아! 그래야 교회나 절이 유지될 거 아냐? 신부님이나 스님, 목사님도 생활은 해야지. 맞죠?"

민찬이는 선생님의 동의를 구하는 눈치였다.

"욕심이 없는 사람은 무엇인가를 이루려고 노력하는 것이 없다고 볼 수도 있을 것 같습니다. 그러면 과학적 발전이나 기술의 발전도 없어질 수 있는데요?"

한슬이의 반박 때문에 행복에 대한 이해가 욕구를 넘어 자칫 사회나 과학의 관심으로 향하려고 했다. 선생님은 여기서 개념에 대한 논의는 피하고 행복에 대한 구체적인 논의로 넘어가야겠다고 생각했다.

"행복에 대한 정의가 추상적인 면이 있구나. 그러면 자신이 가장 행복했을 때가 언제이고 그 이유는 무엇인지 발표해 보도록 하자. 그러면 정의도 아주 구체적이 될 것 같구나."

"저는 저희 부모님이 하시는 민박 사업이 잘돼서 손님이 넘칠 때가 행복합니다. 작년 여름 굉장히 더웠잖아요. 와현 해수욕장에 손님들이 많이 찾아왔는데 8월 한 달 동안 정말 바빴습니다. 저 역시 굉장히 바빴고 짜증나는 일도 많았습니다. 하지만 부모님이 기뻐하시니 저절로 집안에도 웃음꽃이 피었지요. 그때가 바빴지만 행복했던 것 같습니다."

"부모님 사업이 잘되고, 그래서 부모님이 기뻐하시니 영수도 따라서 행복하다?"

"그렇죠. 손님이 줄거나 많이 없으면 부모님은 돈 문제로 걱정하실 거니까요. 부모님이 기뻐하시는 것이 가정에 가장 좋은 일이죠."

"음, 또 다른 사람?"

"저는 축구를 굉장히 좋아합니다. 그래서 체육 시간이나 방과 후에 친구들과 축구 시합할 때가 가장 행복합니다."

"아, 저는 여기 토론 자료에도 나왔듯이 컴퓨터게임을 굉장히 좋아합니다. 사실 부모님이 안 계실 때는 아이템도 많이 모으고 레벨도 올릴 수 있어 좋은데 평소에는 학원이다 과외다 해서 많이 못합니다. 저는 장래 희망도 컴퓨터게이머이기 때문에 컴퓨터를 하는 시간이 좀 더 많아졌으면 좋겠습니다."

"우석이는 축구를, 명곤이는 컴퓨터게임을 할 때 행복하다니 모두 너희들이 좋아하는 것을 할 때 가장 행복해하는구나."

"자신이 좋아하는 것을 할 때가 가장 행복한 것 아닌가요?"

"명곤아! 그러면 컴퓨터게임이나 축구시합을 너무 좋아해서 생긴 걱정거리는 없었니?"

"아휴, 다 알면서. 왜 없겠어요. 컴퓨터를 하는 시간이 정해져 있는데 그 시간을 초과하면 어떻게 되게요? 부모님의 잔소리가 이어지고, 일주일간은 컴퓨터 사용 정지예요."

"그 대가가 걱정이 된다는 말이지?"

"또 있습니다. 숙제! 축구를 마치고 나면 숙제를 해야 한다는 사실이 귓속에서 맴돌아요. 엄청 걱정이 되죠."

"그러면 진정으로 행복한 것이 아니네?"

한슬이가 명곤이와 우석이의 행복에 대해 의문을 제기했다.

"축구를 하거나 게임을 할 때 그것을 즐기는 나는 재미있으니 행복하다고 느끼지만 그것 때문에 주변 사람이 고통을 받는다면 어떨까? 예를 들어 어머님은 공부나 건강에 영향을 줄까 봐 컴퓨터를 많이 못하게 하는데 너희들은 몇 시간씩 하고 싶단 말이야. 그건 어쩌지? 나는 즐겁지만 나로 인해 다른 사람이 행복하지 않다면 그건 진정한 행복이 될 수 있을까?"

"참, 선생님도. 자신이 어떤 때 가장 행복한가를 묻는 거니까 자신만 행복하면 되죠."

"그건 이기주의지."

두철이의 말에 영수가 바로 반박했다.

"그럼, 자신도 행복하고 남도 행복한 경우를 찾으면 되겠네요."

"오, 두철이, 좋은 생각인데……."

웬일로 석훈이가 두철이를 칭찬하자 두철이는 어깨를 들썩거리며 수빈이를 쳐다보았다. 수빈이는 별 관심 없는 것처럼 보였다.

"그래, 두철이가 좋은 아이디어를 냈구나. 그런데 자신도 행복하면서 주위 사람도 행복한 경우는 없을까?"

"저는 저와 가족들의 건강을 생각해 보았습니다. 그저께 민기 집을 방문하고 나서 저와 가족이 모두 건강하다는 사실이 진정한 행복이라고 생각했습니다. 사실 가족 중에 누구 한 사람이라도 아프면 모든 가족들이 걱정을 합니다. 민기 가족들은 얼마나 가슴이 아플까 생각해 보니 저 역시 슬프고 가슴 아팠습니다. 하물며 민기 또

한 얼마나 슬프고 마음 아파할까 싶어 더 가슴 아팠습니다. 그래서 저와 가족이 건강하다는 사실이 가장 행복한 것 같습니다."

선영이는 정말로 마음이 아파서인지 눈에 눈물이 조금 고이기 시작했다.

"옛말에 이런 말이 있다. '돈을 잃으면 조금 잃는 것이요, 명예를 잃으면 많이 잃는 것이요, 건강을 잃으면 모두 잃는 것이다.' 사실 건강이 모든 가족들의 가장 큰 관심사라고 할 수 있겠네."

"그러나 가족이 모두 건강하다 해서 모두가 행복한 것은 아니라고 생각합니다. 건강도 중요하겠지만 저의 경우에는 모든 가족이 전부 다 같이 살아야 한다고 생각합니다."

은휘 아버지는 원양어선을 타는데 한 번 고기잡이를 나가면 한 달 정도가 걸려서 은휘 가족은 늘 아버지와 함께 오래 있지 못했다. 재길이가 다시 토론을 이어 갔다.

"아까 개인적인 소망이나 희망을 말했는데요, 선영이나 은휘도 결국에는 자기뿐만 아니라 자기 가족의 건강과 행복을 바랐어요. 이것은 개인적인 것과 꼭 같다고 봅니다. 선생님께서 주위 사람이라고 하셨는데 우리 가족이 아닌 다른 사람들이어야 한다고 생각합니다."

"그래? 가족도 개인적인 행복이라면 사실 이기주의라고도 볼 수 있겠네. 그러면 이기주의를 벗어나서 나와 다른 사람의 행복을 동시에 추구할 수 있는 것들에는 어떤 것이 있을까?"

"저는 한 달에 한 번씩 아버지 회사 사람들과 같이 가족 모임을 갖는데요, 그 모임이 정말 재미있고 즐겁습니다. 그 모임에서는 자녀들에게 장학금도 주고 지역 내 소년 소녀 가장을 선정해 도와주고 있습니다. 그래서 일주일 전에는 그 집에 가서 봉사활동도 했습니다. 어머니들과 우리는 대청소를 하고 아버지들께서는 집수리를 하고 왔는데, 그때가 제일 행복했습니다."

"선영이의 경우에는 해당되겠네요."

은빈이가 선영이의 의견에 동의를 표했다.

"다른 사람을 도와주는 것이 행복한 것이라면 그런 경우는 많은데……."

"네가 다른 사람 안 괴롭히면 그게 그 사람 행복인데……."

"뭐? 명곤이 너 자꾸 시비 걸래?"

명곤이가 비꼬아 말하자 두철이는 씩씩거리며 명곤이에게 한마디 더 해 주고 싶었으나 은휘의 발언으로 입을 다물었다.

"다른 사람은 불행한데 나와 가족만 행복하다면 그건 진실한 행복이 될 수 없겠네요."

"그러면 모든 사람이 행복해지는 것이 모든 사람들의 목표가 되겠네요."

"아하! 은빈이가 좋은 말을 했네. 모든 사람들이 행복해지는 것이 현대 국가나 사회의 궁극적인 목표라고 할 수 있지. 가정도 마찬가지겠지."

"선생님, 왜 모든 사람들이 행복해질 수 없는 거죠?"

"글쎄. 우석아!"

"그건 욕심 때문이 아닐까요? 만약 욕심이 없다면 가지려고 하지 않고 서로 싸우지도 않겠지요."

"저도 한슬이 의견에 공감하는데요, 저번에 사회 시간에 선생님께서 이 세계에 필요한 만큼의 재화와 물자가 모자라기 때문에 경쟁과 투쟁이 있다고 하셨잖아요."

"그렇구나. 영수야. 그러나 그런 욕심 때문에 전쟁을 일으키는 끔찍한 일도 일어나지만 과학과 기술 문명도 발달하잖니?"

"맞아요. 그래서 경제가 돌아간다고 했지요. 호호호."

모든 일에 긍정적인 수빈이가 애교 있는 목소리로 웃었다. 그러자 재옥이가 여기에 또 이의를 제기했다.

"하지만 풍족하게 살아도 불행하다고 믿는 사람이 있어요. 우리 할아버지 친구는 동네에 어마어마한 어장을 가지고 있지만 항상 행복하지 않다고 그러던데요."

"왜?"

선영이가 의아한 듯 물었다.

"그분은 원래 다른 여러 나라로 여행 다니는 것을 좋아하는데 어장 때문에 여행도 못 다니고 평생 동네 밖을 나간 경우가 별로 없대요. 부자면서 많은 것을 누리더라도 행복하지 않은 경우는 많은 것 같네요."

"그러고 보니 저희 이모도 그래요. 이모부는 대기업에 다니고 아이들도 아주 예쁘고 공부도 잘하지만 이모는 언제나 저보고 작가가 되고 싶다고 그래요. 젊은 시절에 소설을 좋아해서 작가가 되고 싶었는데 살다 보니 그렇게 안 되었대요. 그래서 저보고 결혼도 하지 말고 제 꿈을 이루며 살라고 그래요."

"아이쿠! 선영아, 이모가 그래? 어쩌나."

"아! 선생님, 저희 어머님은 세상만사가 귀찮대요. 저나 동생이 괴롭히는 것도 아니고, 우리 아버지도 잘생겼고 어머님께 잘해 주시는데도 어디론가 떠나고 싶다고 해요. 왜 그럴까요?"

이번에는 명곤이가 말했다.

"하하하! 니가 애를 먹이니 그렇지. 니가 예사 애가 아니잖아!"

두철이는 찬스다 싶어서 바로 말했다. 아이들은 두철이의 말에 여기저기서 낄낄거렸다.

"어머님께서 왜 그렇다고 생각하니?"

"아버지는 갱년기라 그렇대요. 그래서 제가 어머니께 물어보니 이유인즉 외롭다고 합니다. 울적하고……, 음, 아마 로또 당첨이 되어야지……. 크크크, 하기야 로또 당첨되어도 김복동 씨처럼 된다면 우리 엄마 기절하실 건데……. 그래도 로또 당첨이 어디야."

"음, 선생님 생각에 우울증이 약간 있으신가 보구나. 요즘 사람들에게 많이 발생하는 병이란다. 너희들도 가끔 우울할 때가 있잖니. 그런데 어머니 병은 명곤이가 1등 하면 나아질 거라고 본다. 걱정하지 마시라고 전해 드려라."

"명곤이가 1등을 해요? 파리가 새 되는 게 더 빠르지요."

선생님과 두철이의 말에 아이들은 배꼽을 잡고 웃었다. 명곤이는 '두철이 저 녀석!' 하고 쳐다보았으나 어쩔 수 없었다.

"우린 우울할 틈이 없어요. 맹고~이 빼고 말이죠. 낄낄낄."

"그런데 선생님. 우울하다는 건 분명 행복한 것은 아니에요. 저도 텔레비전에서 우울증 때문에 자살하는 사람들을 보았거든요."

"그래, 은빈아! 왜 사람들은 행복하지 못하고 우울해할까?"

"아까 '행복이란 것이 넘치지도 모자라지도 않는 상태'라고 했잖아요. 이것은 만족을 말하는데, 만족하지 못해서 그런 게 아닐까요?"

"그 만족이란 것이 물질적 만족을 말합니까?"

"물질적으로 만족한다면 분명 행복할 확률은 높아집니다. 그러나 물질적으로 만족스럽지 못하다면 행복할 확률은 굉장히 낮아집니다."

"그것은 물질적 만족을 말하는 것 아닙니까? 물질적으로는 만족한데 정신적으로는 스스로 불만족스러울 수도 있습니다."

재길이가 은빈이에게 계속 정확한 개념 정의를 요구하며 질문하자 영수가 되레 재길이에게 질문을 던졌다.

"어떤 경우를 말합니까?"

"예를 들어 우리는 돈 많은 부자보다 돈을 좋은 일에 쓰는 부자가 훌륭하다고 보며, 돈보다는 더 많은 기쁨을 주는 사람이 훌륭하다고 봅니다. 또 어떤 사람은 그림을 그리거나, 글과 음악을 만들면서 정신적이고 예술적인 것에 인생 목표를 두기도 합니다."

"그럼, 재길이는 행복이란 마음에 있다는 겁니까?"

"예!"

이번에는 한슬이가 재길이에게 질문을 던졌다.

"마음에 있다면 음……, 결코 가질 수 없는 것이네요?"

"그건 아닙니다. 마음에 담아 두었으니 있다고 봐야겠지요."

"그런데 고흐나 최북 같은 화가는 예술에 대한 지나친 스트레스 때문에 자해를 하지 않았습니까?"

"그렇지! 자살하는 예술인들도 있고……. 그렇다면 정신적이고 예술적인 것에 인생의 목적을 두는 것도 꼭 행복하다고 볼 수는 없겠네요?"

민찬이 말에 영수가 동의를 표하면서 선생님을 쳐다보았다.

"음……, 그렇구나. 창작에 대한 스트레스 때문에 불행한 삶을 산 사람이 많구나."

아이들은 한동안 말이 없었다. 선생님도 손으로 턱을 괴더니 물끄러미 창밖을 보았다. '진정한 행복이란 무엇일까?' 그때 한슬이가 침묵을 깨는 질문을 던졌다.

"선생님! 우리가 행복을 너무 크게 보는 건 아닐까요?"

선영이도 맞장구를 쳤다.

"그래요, 사실 저는 동생 호영이하고 싸우지 않고 같이 무엇을 할 때 신 나거든요. 아버지께서 술 드시지 않고 집에 일찍 들어오시는 날은 엄마도 언제나 기분이 좋으시단 말이에요."

"야, 선영아! 그럼 행복이 너무 간단하잖아."

"음. 소박한 바람이구나. 영수야 이때는 '간단'하다는 말보다는 '소박'하다는 말이 더 어울리겠구나. 그냥 하루하루 알차고 즐겁게 남을 배려하면서 말이지."

"그러면서 일단~은, 자신의 일에도 최선을 다해야겠지요."

석훈이의 말에 영수는 손으로 턱을 괴면서 한마디 했다.

"아! 이게 뭐야 이렇게 허무할 수가!"

"인생이 그렇지 뭐!"

"하하하."

마치 어른과 같은 투로 말하는 수빈이 때문에 아이들은 크게 웃었다.

"너무 행복에 대해서 관심을 갖지 않는 편이 좋겠구나. 행복에 개의치 않고 보람 있는 인생을 살려고 애쓰고 정성스럽게 일하노라면 행복의 여신이 아름다운 미소를 지으면서 우리를 찾아올 것 같구나. 철학자 칸트에 따르면 행복한 것도 물론 중요하지만, 그보다 더 중요한 것은 행복을 누리기에 합당한 사람이 되는 것이지. 행복을 직접 목적으로 삼지 말고 행복을 누릴 만한 자격이 있는 행동을 하고, 또 그런 인간이 되라는 것이다. 행복의 길은 행복에 해당하는 행동을 하는 것이요, 행복을 누릴 자격이 있는 사람이 되려고 애쓰는 일이다. 인생의 보람을 위해서 살고, 보람 있는 인생을 사는 것이지. 보람, 이것이 행복의 중요한 열쇠가 아닐까?"

"……."

아이들이 말이 없자 은빈이가 자신만의 결론을 내렸다.

"결국 긍정적으로 착하게 열심히 살라는 말이군요."

유쾌하고 재미있는 괴짜 철학자들

개와 같이 자유로운 삶, 디오게네스

디오게네스는 견유학파의 대표적 인물입니다. 견유학파는 개와 같이 통 속에서 자고 개와 같이 유유히 산책하는 삶을 산다 하여 그리스어의 키니코스에서 나온 말입니다. 견유학파는 물질적 허위의식을 배격하고 최소한의 필수품으로 사는 자연 상태의 삶이야말로 최고의 삶이라 여깁니다. 디오게네스만큼 많은 일화를 남긴 철학자는 없습니다.

디오게네스(기원전 412~323).

알렉산더 대왕이 디오게네스의 명성을 듣고 직접 디오게네스를 만나러 왔습니다. 누더기 옷을 입고 통 속에 사는 디오게네스를 보고 놀란 알렉산더 대왕이 필요한 것이 없냐고 물었습니다. 그러자 디오게네스는 "지금 당신이 햇빛을 가리고 있소. 나에게 필요한 것은 저 햇빛뿐이오."라고 말했습니다. 알렉산더 대왕은 자기 부하들에게 만약 내가 왕이 아니었더라면 저 디오게네스처럼 되고 싶다고 말했습니다.

소크라테스의 제자인 플라톤은 "인간이란 깃털이 없는 두 다리를 가진 동물"이라고 말했습니다. 이 말을 들은 디오게네스는 수탉 한 마리를 붙잡아 산 채로 털을 벗겨 사람들에게 내보이며 "이것이 플라톤이 말한 인간이다."라면서 놀려 댔습니다. 그러자 당황한 플라톤은 재빠르게 "그리고 발톱이 넓고 납작한 동물입니다."라고 말을 바꾸었습니다.

　디오게네스는 90세 가까이 살았고 스스로 숨을 멈추어 죽었다고 전해집니다. 자기가 한 말 이외에는 단 한 줄의 글도 남기지 않았고, 죽을 때는 단 한 벌의 옷도 가지고 있지 않았습니다. 그는 자신의 유해를 땅에 묻지 말고 맹수들의 먹잇감으로 던져 주라는 유언을 했습니다. 세상의 그 어떤 것에도 얽매이지 않고, 아무것도 바라지 않는 자유로운 삶을 보여 준 디오게네스는 진정한 '무소유의 철학자'였습니다.

제5주제 계산한다는 것은 생각한다는 것인가?

    4월 말의 교실은 창문 너머로 들어오는 따뜻한 온기 때문에 저절로 잠이 오는 달이다. 그래서 선생님은 아이들의 관심을 유도하기 위해 '목련화'라는 노래를 불렀다. 아이들은 노래 하면 요즘 유행하는 가수들의 노래를 최고로 친다. 가곡이나 오페라는 노래가 아니다. 남자 녀석들이 우우하며 방해를 놓았지만 그러거나 말거나 선생님은 노래를 불렀다. 아이들 몇몇은 환호하고 박수를 쳤다. 그러나 이내 수학 시간이 되자 마치 잡풀에 제초제를 뿌린 듯 고개를 떨어뜨리는 아이들이 늘었다. 점심 먹은 뒤의 오후라 그렇거니 하겠으나, 특히 수학 시간에는 더욱 그렇다. 수학이 재미있는 아이들은 예외겠지만, 그렇지 못한 지혜는 쏟아지는 춘곤증을 이기지 못해 고개가 연방 아래로 떨어졌다.

'왜 하필이면 우리 선생님은 수학 시간을 5교시로 했을까? 점심 먹고 나니 잠이 와 죽겠네.'

턱을 괸 손으로 잡은 연필이 손가락 사이로 스르르 힘없이 빠져 나갈 때쯤 갑자기 띵하는 느낌과 함께 아이들이 큰 소리로 웃어 댔다. 고개를 연신 끄떡이며 자다가 선생님께 걸린 것이다.

"지혜야! 어떻게 된 게 수학 시간만 되면 맨날 자니?"

"선생님 지혜는 밤늦게까지 채팅한대요."

"아니에요, 잠시 생각한 거예요. 수학이란 무엇인지……. 아! 선생님 수학 시간은 정말 미칠 것 같아요."

지혜의 볼멘소리에 명곤이가 한마디 던졌다.

"야! 그건 니가 생각을 안 하니까 그렇지. 생각을 좀 하고 살아라. 생각을 하면 잠이 올 수가 있나?"

"생각? 생각하니까 잠이 더 온다!"

"야! 바보야 생각을 하는데 어떻게 잠이 더 오나? 머리가 작동하고 있는데……. 수학 문제를 풀려고 끙끙대며 생각하는데 어떻게 잠이 와?"

선생님은 대화하는 아이들을 지켜보기만 했다.

"기쁜 일을 생각하면 잠이 안 오지. 재미없는 것을 생각하려니 잠이 오는 거라고."

"그런데 명곤아! 너는 계산한다는 것이 생각한다는 것이냐?"

명곤이와 지혜의 대화를 듣고 있던 선생님이 명곤이에게 불쑥 한 마디 던졌다.

"그래, 선생님 말씀이 맞네. 야, 김명곤! 생각하는 거 하고 계산하는 거 하고 같니?"

"같잖아요. 생각 없이 계산 문제를 어떻게 풀어요? 삼각형 도형의 넓이 구하는 것을 머릿속에 생각하지 않고 어떻게 풀 수 있어요? 컴퓨터도 아니고……."

"명곤이 말이 맞네요. 머릿속에서 생각하지 않고서는 수학 문제를 풀 수 없죠."

수학을 잘하는 재길이가 명곤이를 거들고 나섰다.

"재길아! 삼각형 구하는 공식 있지? 그 공식에 대입해서 문제를 풀면 그것은 생각하는 거야?"

"수학 문제만 잘 풀면 되지. 선생님은 별걸 다 질문하셔."

"처음 공식을 구하는 과정은 복잡하게 생각한 거지만, 일단 공식이 구해지면 그곳에 대입만 하면 되잖아요. 그것은 생각이라고 할 수 없겠는데요?"

한슬이가 선생님 편을 들고 나서자 석훈이가 한마디 했다.

"아니지. 수학은 계산이니 어쨌든 생각하는 거야."

"아휴, 내가 잠을 안 자고 말지. 머리가 복잡해."

아이들과 선생님의 대화를 듣고 있던 지혜가 모든 일이 자기 때문이라며 투덜대고서는 책상 위의 책을 정리하고 옷매무새를 고치자 그걸 쳐다보던 은휘가 '뭐, 저런 게 다 있노?' 하면서 지혜를 쿡 찔렀다.

선생님은 오늘 수학 시간에 있었던 일들을 다음 주 철학 토론 과제로 내주었다.

계산한다는 것은 생각하는 것인가?

지금으로부터 2,500여 년 전 그리스의 철학자 피타고라스는 직각삼각형의 직각을 포함하는 두 변의 길이의 제곱의 합이 나머지 빗변의 길이인 가장 긴 변의 길이의 제곱과 같다는 공식을 발견했습니다.

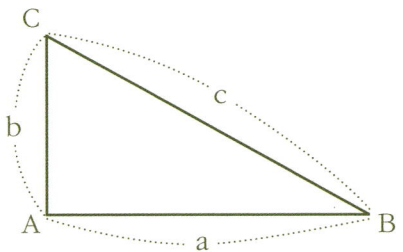

직각삼각형의 세 개 변을 a, b, c라 하고 각 A가 직각일 때 선분의 길이는 $a^2+b^2=c^2$입니다. 이것을 피타고라스의 정리라고 합니다. 이 공식에 숫자를 대입하면 유클리드기하학의 조건에서는 어떠한 길이도 구할 수 있습니다.

이런 조건에서 수학 문제를 푸는 것은 계산을 하는 과정입니다. 그런데 계산을 한다는 것은 생각의 활동인가요? 아니면 단순한 기계적 반복일까요?

생각해 보기 1

수학 시간에 영희는 원의 공식에 따라 계산하는 것이 어려워 선생님께 전자계산기를 사용하면 안 되는지 물었습니다. 선생님은 안 된다고 했습니다. 영희는 자신이 수학 공식을 알기 때문에 계산 절차에 따라 전자계산기에 숫자를 대입하면 쉽게 문제를 풀 수 있는데, 선생님은 원시적 방법으로 계속 문제를 풀라고 시킨다며 불평했습니다.

생각해 보기 2

혜련이 동생은 2학년입니다. 2학년은 수학 시간에 구구단을 외워야 합니다. 혜련이 동생은 구구단을 잘 외웁니다. 그러나 실제 사용할 때는 이해가 잘 안 가기도 합니다. 이해가 잘 안 가지만 노래를 부르듯 열심히 외우면 언젠가는 저절로 외워집니다.

그런데 오늘 누나로부터 구구단을 이용해 수학 문제를 푸는 법을 배우니 너무 쉽고 간단하게 해결되었습니다. 며칠 뒤에는 저절로 수학 문제가 풀리는 것 같아 기분이 아주 좋았습니다. 이제는 단순한 두 자릿수 곱셈은 그냥 암산으로 쉽게 풀어 버립니다.

생각해 보기 3

지민이와 봄이는 오늘 과학 시간에 〈로봇〉이라는 영화를 보고 기계도 생각을 할 수 있는지 없는지 토론을 했습니다. 봄이는 언젠가는 기계도 생각을 하겠지만 지금은 투입한 프로그램으로 작동하므로 생각하는 것이 아니라고 했습니다. 하지만 지민이는 자동제어장치는 문제가 생기면 자동으로 제어를 하므로 생각하는 것이라고 했습니다.

생각해 보기 4

미국 마이크로소프트의 빌 게이츠 회장은 정보혁명의 최종 목표는 생각하는 컴퓨터를 만드는 것이라고 했습니다. 생각하는 컴퓨터란 인공지능을 가진 컴퓨터로 0과 1의 논리적 연산체계를 가진 컴퓨터가 인간의 두뇌처럼 지능을 소유하고 생각을 할 수 있다는 것입니다.

　　정확한 암기, 많은 정보량, 빠른 계산과 예측 능력, 슈퍼맨 같은 능력을 지닌 컴퓨터의 등장이 얼마 남지 않았습니다. 그런데 인공지능이 인간이 지닌 두뇌와 같은 역할을 하게 될까요? 아니면 인간의 두뇌가 인공지능과 비슷한 방식과 체제로 운영될까요? 정말 궁금합니다.

집에 돌아온 재옥이는 곧장 슈퍼마켓에 일을 도우러 갔다. 엄마와 아빠는 동네 슈퍼마켓을 운영하고 계신다. 재옥이는 학교에서 집에 돌아오면 학원은 가지 않고 슈퍼마켓에 와서 부모님 일손을 거든다. 저녁 때 배달이 많아 바쁘시기 때문이다. 계산대에 앉은 재옥이는 내일 철학 시간에 할 내용을 곰곰이 살펴보았다. 아무리 생각해 보아도 계산한다는 것은 생각을 한다는 증거이다.

'어떻게 생각하지 않고 숫자로 계산을 해내냐는 말인가? 우리 선생님도 웃기시지, 뭘 별걸 다 트집 잡고 헷갈리게 하시냐고. 별로 중요하지도 않고 평소 생각해 본 적도 없는 당연한 것인데……'

재옥이는 코웃음이 나왔다. 이때 손님이 반찬을 사러 왔다. 손님은 저녁 찬거리를 바구니에 잔뜩 담더니 카운터에 올렸다. 재옥이는 바코드기를 들고 계산을 했다. 화면에 금액이 자동으로 나왔다. 잠시 후 조그만 꼬마들이 과자를 사러 왔다. 과자 세 봉지를 계산대 위에 올렸다. 재옥이는 과자를 보자마자 2,400원이라고 말했다.

재옥이는 잠깐 흠칫했다.

'내가 지금 생각하고 계산한 건가?'

분명 재옥이는 과자 세 봉지의 가격을 알았다. 각각 800원, 600원, 1,000원이고 합하여 2,400원이다. 과자를 보자마자 거의 자동적으로 튀어나온 계산이었다. 재옥이는 고민에 빠졌다. 전자계산기로 하는 계산은 기계가 자동적으로 계산하는 것이라 생각의 활동, 즉 사유의 활동이 아닐 수 있다고 생각했다. 그러나 지금 자기는 암산도 아니고 거의 즉흥적인 계산을 해 버렸다. 그것도 정확하게 말이다. 이것은 분명 생각한 게 아니었다. 재옥이는 혼란에 빠졌다. 머릿속에서 숫자들이 떠오르고 사칙연산 기호들과 도형이 지나갔다.

다음 날 어린이 철학 시간에 재옥이는 계산과 사유 활동이 다르다고 유인물에 표시했다. 아무래도 아이들로부터 많은 질문과 반론을 받을 것 같았다.

※

　조별 토론이 벌어졌다. 4모둠에서는 재옥이의 발언으로 토론이 시작되었다.
　"난, 어제 하루 종일 이 문제로 씨름해 봤는데 아무리 생각해 봐도 계산한다는 것이 생각한다는 것이 아니라는 결론을 내렸어."
　"왜? 어떻게 생각하지 않고 계산하지? 재옥이 너는 혼합 계산할

때 생각 없이 분수를 소수로 고치고, 또는 소수를 분수로 고치냐? 생각을 하지 않아? 분수를 고치는 게 편할지 소수로 고치는 게 편할지 말이야."

"물론 생각하지. 그것은 음……, 뭐랄까, 어떤 게 편할까, 이런 경우 아니겠어?"

"아니, 편하게 계산하는 게 아니고. 가령 복잡한 혼합 계산을 보고 한 번에 약분을 한다거나, 또는 제거해 버리는 경우 말이야. 아주 쉽게 계산을 해 버리는 것이지. 이건 분명 머릿속에서 생각을 하고 약분하는 결과란 말이지."

"그래 어떻게 하면 쉽게 약분하면서 풀까 하고 이리저리 살피겠지. 물론 생각도 하겠지. 그러나 일단 쉽게 약분할 수 있으면 우리는 생각하지 않아. 마치 익숙한 길을 가듯이 그냥 습관대로 풀 뿐이야. 마치 정해 놓은 퀴즈를 풀 듯 풀면 되는 거야."

"말도 안 된다. 그게 어째서 생각이 아닌데?"

재길이와 재옥이는 조금도 양보하지 않고 갑론을박을 벌였다. 옆에서 지켜보던 우석이는 골똘히 생각에 빠지더니 재길이 편을 들었다.

"그런데 재옥아! 이런 경우는 어떡하지? 예를 들어 수학 교과서 8단원의 내용인 문제 푸는 방법처럼 말이야. 우리는 어떻게 이 문제를 해결할까 생각하면서 골똘히 해결책을 찾는단 말이야. 거꾸로 풀까, 아니면 표를 만들어 풀까, 아니면 규칙적인 진행 과정이 있을까 생각하면서 문제를 풀어. 이건 분명히 생각하고 있는 증거거든. 안 그래?"

"그래. 어떻게 풀까 하고 고민하겠지. 그때까지만이야. 그때까지만 생각하고 그 다음부터는 일사천리로 풀어 나가겠지. 공식이나, 예전에 많이 풀어 본 경험에 의해서 말이야."

재옥이는 지지 않고 혼자서 삼 대 일로 싸웠다. 지혜는 계산한다는 것 자체가 골치 아픈 생각이라면서, 계산한다는 것은 생각한다는 것이라고 했다.

"그러면 이런 경우는 어떨까? 재길아! 너는 삼각형 넓이 구하는 공식 알고 있지?"

"당연히 알죠. 밑변 곱하기 높이 나누기 2죠."

"그러면 밑변이 4센티미터, 높이가 3센티미터인 삼각형의 넓이는 얼마지?"

"아! 선생님 절 무시하는 거예요? 계산할 게 뭐 있어요. 암산으로 풀어 버리지. 바로 6제곱 센티미터죠. 이런 상식적인 질문을……."

"그래. 너무나 쉽고 당연해서 상식적인 것이지. 즉, 생각할 필요도 없고 계산할 필요도 없어. 너는 계산하지 않고 풀었다고 하지만 사실 계산한 거야. 단지 노트에 풀지 않고 암산을 해 버린 거지. 재길이는 수학을 잘하니 암산도 빠르겠지. 그런데 재길아 너는 왜 방금 계산도 하지 않는다면서 암산으로 풀어 버리지? 암산은 계산이야? 생각이야?"

"……."

재길이는 갑자기 말이 없었다. 사실 너무 당연하고 쉬운 것이기 때문에 바로 암산해 버린 것이다. 그것은 계산이었다. 이건 생각할 필요도 없었다. 마치 계산기로 두드려 나온 정해진 답 같은 것이었다.

"그러나 암산한다는 것도 머리로 푼 것 아니에요? 머리로 푼 것은 생각하고 있다는 것 아닌가요?"

"그러면 계산기는 생각하고 푼 거야? 아니면 이미 입력되어 있는 프로그램이야?"

"……."

아이들은 말이 없다. 다른 모둠에서도 대부분 계산한다는 것은 생각, 즉 사유한다는 것으로 결론짓고 있었다. 단지 몇몇만 고개를 갸우뚱했다. 그러나 그들도 반론을 제기하지는 못했다. 선생님은 아이들에게 전체 토론으로 들어가자고 했다. 선생님은 재길이를 지목하더니 바로 이 문제를 끄집어냈다.

"재길아, 삼각형의 넓이 구하는 공식으로 문제를 푸는 것은 생각하고 있다는 거니? 아니면 이미 정해진 답을 논리적으로 계산하고 있다는 거니?"

"음, 우리 조에서 이 문제를 토론했는데 저는 입장을 바꾸겠습니다. 분명 계산한다는 것은 인간만이 할 수 있는 아주 힘든 사고의 과정이라 생각했는데 조별 토론에서 선생님과 토론하다가 이게 이상하다는 생각이 들었어요. 즉, 우리가 어떤 문제를 풀 때 생각한다기보다는 그냥 계산 절차에 따라 습관적으로 풀고 있다는 생각이 들었습니다."

"야! 이런 젠장, 제기랄! 너, 선생님 꾐에 넘어갔구나?"

석훈이가 웃으며 재길이를 놀렸고 아이들은 재미있다는 듯 낄낄거렸다. 선생님은 '제기랄'은 욕이니 수업 시간에 사용하지 말라고 석훈이에게 주의를 주었다.

"문장으로 된 수학 문제를 풀 때 우리는 아주 고통스러워합니다. 그냥 푸는 것이 아니라 문장을 읽고 그 속에서 수학 문제 해결을 고민합니다. 이것은 단순히 습관적인 계산이 아닙니다. 계산이 어떻게 습관입니까? '어떤 방식으로 풀까?' '이 문제의 핵심은 무얼까?' 하고 고민하면서 문제의 해결책을 찾습니다. 엄청난 사고가 필요한 과정입니다. 어째서 이것이 생각하고 있다는 사실이 아닙니까?"

영수가 큰 소리로 자신의 입장을 제기하면서 토론을 이끌어 나가자 재옥이가 바로 반박하면서 토론은 더욱 격렬해졌다.

"이런 경우가 있습니다. 어제 저희 가게에 어떤 손님이 몇 가지 물건을 사고 계산하러 왔는데 저는 그 물건 값을 거의 생각할 새도 없이 불렀고 돈을 받았습니다. 저나 손님이나 전혀 이상하다는 생각을 못했습니다. 그냥 즉흥적으로 가격을 계산해 버렸죠. 이건 생각한 것이 아니었습니다. 잠들기 전 곰곰이 생각해 보니 계산은 생각이 아니라 그냥 새로운 말처럼 보였습니다. 끼워 맞추는 놀이 같다는 생각이 들었어요."

"재옥이는 그 물건 가격을 잘 알고 또 너무나 많이 해 보았기 때문에 순식간에 일어난 일이라고 하지만 그 자체가 이미 생각하고 있다는 것입니다. 너무나 많이 경험해 보았기 때문에 생각의 과정 역시 엄청나게 빠르게 진행해 버린 것입니다."

"맞아, 은빈이 말이 맞네! 당연히 계산은 생각의 활동이지."

많은 아이들이 계산은 당연히 생각하는 활동이라고 소리쳤다.

"그렇지요. 너무나 순식간에 일어난 일들은 생각을 할 겨를이 없죠. 지금 은빈이는 순식간에 일어난 일들을 두고 마치 생각이 엄청나게 축소된 것처럼 이야기 하지만 그것 자체가 이미 생각이 필요하지 않다는 것을 증명해요."

"그런데 아까 영수가 문장으로 된 수학 문제의 해결 방안으로 제시한 것부터 반론을 제기해야지요. 저도 영수 의견에 동의하는데 수학 8단원 '문제 푸는 방법 찾기'는 분명 엄청난 생각을 해야만 해결할 수 있는 문제지요. 규칙을 찾거나, 표를 만들거나, 비슷하게 어림하거나, 그림을 그리거나 하는 생각의 과정을 거쳐야 합니다. 그러지 않고서는 이 문제를 풀 수 없어요. 여러분! 안 그렇습니까?"

"우와, 찬성!"

"우우, 반대!"

수빈이 말이 끝나자 스물세 명의 아이들은 찬성하는 쪽과 반대하는 쪽으로 나누어졌고 시간이 갈수록 토론이 치열해져 찬성과 반대 의견이 거의 반반 정도로 쌍벽을 이루었다. 몇몇 아이들은 혼란스러워했다. 분명히 계산을 한다는 것은 머리를 쓰는 일이다. 그런데 또 한편으로 보면 습관적이거나, 마냥 공식에 대입해서 논리적 절차대로 따라가는 것만 같아서 생각과는 아무런 관련이 없어 보였다. 재길이와 수빈이는 다시 토론을 이어 갔다.

"문제를 찾는 과정은 분명 생각의 과정 맞습니다. 그러나 일단 해결책을 찾으면 계산을 하겠죠? 그러면 이때부터는 생각이 아닌 법칙에 따라 움직이면 됩니다."

"어떤 법칙 말인가요?"

"논리적 법칙 말입니다. 마치 수학의 공식에 대입해서 그냥 풀 듯이 말입니다."

"예를 들어 주세요."

"참 내, 귀찮게 하네. 내 말 못 알아듣네요."

"아니, 쉽게 예를 들어 주세요."

"……."

재길이는 얼굴이 붉으락푸르락하면서 어쩔 줄 몰라 했다. 토론을 지켜보던 선생님이 슬쩍 끼어들었다.

"수빈이는 삼각형 넓이 구하는 공식을 알지?"

"네. 당연하죠."

"그 공식은 어떻게 만들어졌지?"

"4학년 때 선생님께 배웠잖아요. 평행사변형의 넓이 구하는 공식이 밑변 곱하기 높이면, 그 사각형의 대각선을 연결하면 삼각형이 두 개로 나누어지니까, 삼각형 넓이 구하는 공식이 사각형 넓이 공식에서 나누기 2를 한 거잖아요."

"잘 알고 있구나. 그러면 삼각형 넓이 구하는 공식을 평행사변형 넓이 구하는 공식에서 도출했을 때 그 도출 과정이 생각하는 과정이니? 아니면 너무나 당연한 논리적 과정이니?"

"논리적 과정이라도 생각을 하면 생각의 과정 아닌가요?"

"그러면 3 곱하기 3은 얼마지?"

"9입니다."

"그것은 생각하고 나온 거니? 아니면 느닷없이 습관적으로 나온 거니?"

"……."

"습관적으로 그냥 나온 겁니다. 너무나 자연스럽기 때문에 생각하고 있지 않은 것처럼 보이지만 사실 생각을 너무 많이 한 결과라 생각합니다."

영수가 수빈이를 도와 선생님의 질문에 답했다.

"너무나 많이 한 생각의 결과라……. 그러면 전자계산기나 컴퓨터의 곱셈 계산은 너무나 많이 한 생각의 결과일까? 아니면 단순히 프로그램된 논리적 연산체계일까?"

"……."

"……."

"그래, 말해 봐라. 말해, 크크크."

"선생님 제 생각으로는 논리적 연산체계입니다. 그렇게 입력되어 있는 거지요. 하하하!!!"

재옥이와 재길이를 비롯해 계산과 생각은 다르다고 주장하는 편에서는 기분이 좋아 함박웃음을 짓고 있었다. 하지만 계산이 곧 생각, 즉 사유라고 주장하는 쪽은 조용했다. 영수가 다시 생각난 듯 재반론을 펼쳤다.

"논리적 연산도 생각입니다. 즉 사고하는 과정입니다. 논리적 사고도 있잖아요?"

"그럼 컴퓨터나 전자계산기가 생각합니까? 생각하냐고요? 이것들이 생각하는 것이라면 인공지능의 완성이겠네. 〈아이 로봇〉처럼, 큰일 났구나. 크크크"

"……."

재옥이의 한 방에 모든 게 끝나 버렸다. 반대론자들은 아주 신이 났다. 이 기회에 상대방을 아주 꼼짝 못하게 해 버릴 작정이었다. 선생님은 슬슬 흥미가 생기기 시작했다. 느닷없이 재옥이에게 물었다.

"컴퓨터나 전자계산기는 분명 논리적 연산체계가 프로그램화되어 있어. 그래서 우리가 자료를 입력하면 정확히 계산해 내지. 그런데 우리의 두뇌도 계산할 때는 이런 방법을 쓰지 않을까?"

"엥? 그게 무슨 말이에요? 우리가 이긴 게 아닌가? 왜 그렇죠?"

"어떤 과학자들은 우리 두뇌가 펄스라고 하는 전기적 작동에 의해 생각을 하고 계산도 한다고 해. 그렇다면 인간이 계산하는 방법이랑 컴퓨터의 계산 방법은 상당한 유사하겠지."

"컴퓨터는 프로그램이 입력되어 있고 두뇌는 입력된 게 아니잖아요."

"우리의 뇌 자체가 커다란 프로그램이라 보면 되지 않을까? 가령 우리의 뇌가 마치 컴퓨터 구조처럼 기억장치, 연산장치, 제어장치 등으로 구성되어 어떤 정보가 들어오면 입력된 과거의 기억이나 지식으로 문제를 해결한다면 어떨까?"

"우리 인간은 기억이 오래가지 않습니다. 곧 잊어버립니다. 그러나 컴퓨터는 잊어버리는 일이 없지요. 반대로 인간은 컴퓨터가 하지 못하는 엄청난 일들을 합니다. 감정과 그것을 표현하는 능력, 옳고 그름에 대한 판단은 사실 컴퓨터가 할 수 없는 일입니다."

"한슬이 말이 맞아. 인간은 망각의 동물이라고도 하잖아. 아무래도 컴퓨터만큼 오래 기억하지 못할 것 같아. 그런데 예를 들어서 컴퓨터는 복잡한 계산을 빠르게 처리해. 연산 기능을 가지고 있기 때문이지. 우리 인간도 단순한 계산은 빨리 할지 모르지만 복잡한 계산은 암산이 아닌 직접 계산을 하지. 왜냐하면 하는 방법을 알고 있으니까. 그런데 그 방법 자체가 연산 기능 아닐까? 마치 컴퓨터의 연산 기능처럼 말이지."

"그러면 인간은 복잡한 동물이겠네요. 어느 한쪽은 논리적 생각, 저쪽은 상상적 생각, 또 다른 쪽은 비판적 생각, 이런 것처럼요."

재옥이가 선생님의 말에 수긍이 가는지 손가락으로 머리를 가리키며 말했다. 그러나 한슬이는 계속 질문을 했다.

"그러면 선생님은 컴퓨터나 인간의 연산 기능이 생각하는 과정이 아니라는 겁니까?"

"여러분은 어떤 것 같아? 분명 수학적으로 하는 계산은 논리적 법칙이 있어. 그 법칙대로 움직이면 정확한 답을 구할 수 있지. 그것은 생각을 쫓아가는 거니? 아니면 논리적으로 개발된 기호를 따라 논리적으로 절대로 틀릴 수 없는 길을 찾아가는 거니?"

"아우! 헷갈려!"

"만약 우리들의 생각을 계산처럼 정확하게 추리하고 연산할 수 있다면 인간은 아마도 무궁무진한 기억을 소유한 울트라 슈퍼 컴퓨터가 될 거야. 그리고 우리들의 생각을 계산으로 환원시켜 정확하고 엄격하게 실행시키려는 시도가 실제로 철학자와 수학자들 사이에 있었단다. 많은 철학적 문제가 인간 사유의 불완전성과 생각이 표출되는 형태인 언어의 애매성에 있다고 해서 완전무결하고 논리적으로 추리 가능한 방법으로 철학적 문제를 해결하려고 했지."

"오호! 어떻게 되었나요?"

아이들은 갑자기 신기한 듯 눈을 뜨고 선생님을 바라보았다.

"일부는 철학을 더욱더 엄밀하게 하는 긍정적 측면을 가져왔어. 그러나 우리가 무엇인가를 생각할 때 우리들의 머릿속에서는 그 생각이 막 그려지지. 오늘 방과 후 친구들과 공을 차는 놀이를 한다고 생각해 봐. 무슨 장면이 그려지니?"

선생님은 아이들에게 눈을 감거나 허공을 보면서 그 장면을 그려 보라고 했다.

"여러분의 머릿속에서 그려지는 장면 중 어떤 것은 너무나 공상처럼, 어떤 것은 상당히 현실적으로 그려지지. 또 어떤 것은 논리적으로 추리해 나가다가 갑자기 감정 변화를 맞이하며 전혀 엉뚱하게 그려지기도 해. 또 어떨 때는 직관적으로 사태를 파악하기도 하지. 이것은 동물의 본능과 비슷한 경우야."

"직관적 사고? 직관적 사고의 예를 들어 주세요."

"재길이가 좋은 질문을 했구나. 선생님은 바둑을 좋아해. 여러분 부모님 중에서도 그런 분들이 많지. 아직 서양의 체스에서는 컴퓨터와 인간의 게임 실력이 비슷하게 전개된다고 그러네. 그러나 바둑에서는 아직 컴퓨터가 인간을 따라오지 못해."

"왜 그렇지요? 바둑 프로그램도 있고, 컴퓨터도 잘하던데……"

"지금 개발된 컴퓨터의 실력이 아마 7급 정도라네. 즉 선생님이 한 3급쯤 되니 선생님한테도 상대가 안 될 것 같아. 컴퓨터는 바둑 연산을 어떻게 할까?"

"저번에 어디서 들었는데 여러 가지 경우의 수를 입력해서 최선의 수를 둔다고 하던데……"

"그래, 한슬이 생각과 비슷하다. 그런데 바둑의 경우의 수는 엄청나. 가장 단순하게 가로와 세로의 줄이 각각 열아홉 줄이야. 그러니까 경우의 수는 19 곱하기 19 해서 361이다. 그 다음 둘 수 있는 경우의 수는 이보다 1작은 360, 다음은 359……. 이런 식으로 계속 나가겠지. 그러면 361 곱하기 360 곱하기 359 곱하기……3 곱하기 2 곱하기 1인데, 엄청나게 많은 경우의 수가 발생하지."

"그런 계산은 컴퓨터가 더 빠르지 않을까요? 앞으로 더 업그레이드된 컴퓨터가 나온다면 훨씬 강력하겠는데요."

"물론 그럴 가능성이 높단다. 그런데 바둑을 둘 때 포석이란 게 있어서 앞으로 전개될 상황을 보면서 먼 뒤에 벌어질 전투나 자신의 영역을 위한 수를 생각한단다. 또 어떤 때는 적은 돌이나 집을 버리면서 더 큰 대마를 노리는 수를 두기도 하지. 또 어떤 때는 유리한 형세를 점령하기 위해 후퇴하기도 해. 아주 직관적인 사고의 전형이라 할 수 있지. 이것은 바둑을 두는 사람의 직관적 판단에 의존할 뿐이야. 만약 컴퓨터가 바둑 게임에서 인간을 이기려고 한다면 완전한 인공지능을 가진 기계가 되어야만 가능할 거야."

"와! 우리 인간이 이렇게 위대할 줄이야."

아이들은 새삼 우리 인간이 대단해 보였고 자신 역시 엄청난 초인적 존재로 보였다.

"인간이 생각한다는 것은 엄청난 시간과 공간을 가진다는 것이지. 이것은 계산으로 잴 수도 없어. 인간은 사유를 통해 인간과 세계를 이해하고 해석할 수 있어. 그래서 인간은 '만물의 영장'이 되었지. 이 사유를 통해 인간은 엄청난 문명의 발전과 역사를 만들어

왔어. 많은 철학자들은 이 사유에 대해 알기 위해 많은 시도를 했지만 아직도 정확한 결론을 내리지 못했지. 그런데 현대 심리학에서는 이 사유의 이면에 또 다른 엄청나게 큰 무의식이란 것이 존재한다고 한단다. 어려운 단어지만 이처럼 인간의 생각, 즉 사유의 방식은 인간의 복잡한 심정만큼이나 더 복잡하고 어지럽게 연결되어 있어. 사유에는 시공간을 초월한 엄청난 상상의 나래와 창조하는 힘이 있지. 그리고 우리의 삶을 풍요롭게 할 너무나 많은 에너지가 들어 있단다. 너무나 엄청나기 때문에 불완전하고 불안해 보이기도 해. 그래서 사람들은 생각만 하지 말고 실천하라고 하지. 계산은 사유의 한 방식 중의 하나일 뿐이야. 2 더하기 3에는 정답 5라는 완전하고 확실한 답 외에는 어떠한 상상, 함축, 은유, 다양한 해석 등이 없을 거야. 새로운 것을 창조할 수도 없지. 사유가 계산의 방식으로 한정된다면 인간은 너무나 빈곤하고 하찮을 거야. 문명의 발달도 느릴 것이고, 예술의 의미도 모르겠지. 사유로 인해 인간은 사상과 생각의 자유, 새로운 창조, 예술의 탄생과 유희를 누릴 수 있는 거야."

"와! 오늘 우리 선생님 흥분해서 혼자서 다 하시네."

석훈이의 말에 아이들은 큰 소리로 웃었다.

※

재옥이는 오늘 철학 교육 시간에 있었던 일들을 곰곰이 생각해 보았다. 어린이 철학 시간을 통해 그동안 책이나 일상생활에서 배우거나 경험하지 못했던 것을 또 하나 배운 것 같은 생각이 들었다. 인간을 호모 사피엔스 사피엔스라고 한다더니 그 말의 의미를 이제야 알 것 같았다. 평소에 수학을 잘한다고 큰소리 뻥뻥 치고 살았는데 수학만이 전부가 아니라는 생각도 새삼 들었다. 그래서 제출한 보고서에 이렇게 적고 나왔다.

'컴퓨터는 영원히 바둑으로 인간을 이기지 못할 것이다.'

유쾌하고 재미있는 괴짜 철학자들

근대 과학의 선구자, 뉴턴

뉴턴은 데카르트의 철학을 통해 모든 물리적 현상을 운동과 물질로 설명하려는 기계적론적 철학에 매료되었습니다. 사과가 땅에 떨어지는 장면을 보고 '만유인력의 법칙'을 발견한 뉴턴은 근대 역학(물리학)의 혁명을 예고했고 마침내 과학은 2,000년의 잠에서 깨어나 근대 학문의 선두로 나섰습니다. 뉴턴에 의해 확립된 자연에 대한 기계론적 역학관은 고전 과학

뉴턴(1643~1727).

의 근본 사상을 이루었고 철학, 사회, 문예 등 근대 사회의 모든 분야에 깊은 영향을 주었습니다.

뉴턴은 집중력이 뛰어나 한번 일에 몰두하면 다른 일은 생각도 하지 못했고, 덕분에 많은 에피소드를 남겼습니다. 어느 날, 뉴턴의 친구가 저녁밥을 먹기 위해 찾아왔습니다. 그때 뉴턴은 외출 중이었고, 그 친구는 이미 요리되어 있는 닭 요리를 먹어 버리고 말았습니다. 몇 분 후 돌아온 뉴

턴이 음식이 담긴 냄비 뚜껑을 열고 뼈만 남아 있는 것을 보았습니다. 그러고는 "음, 우리가 식사했던 것을 내가 잠시 잊었군!"이라고 했답니다.

또 한번은 뉴턴이 식사 대접을 하기 위해 친구 몇 명을 초대했습니다. 포도주가 떨어져 자기 방으로 갔는데 자신이 무엇을 하고 있는지 잊어버리고, 양복으로 갈아입은 뒤 교회로 갔다고 합니다. 너무나 실험에 몰두한 나머지 달걀 대신 자신의 시계를 삶아 버린 황당한 일도 있었습니다. 이렇게 황당한 뉴턴이지만 따뜻한 정도 많았습니다.

뉴턴은 집에서 고양이를 기르고 있었습니다. 이 고양이는 매일 집 안팎을 들락날락했습니다. 그럴 때마다 문을 열어 주던 뉴턴은 귀찮은 나머지 문에다 고양이가 다닐 만한 구멍을 뚫었습니다. 고양이는 그 구멍으로 자유롭게 나다녔고 뉴턴은 방해받지 않고 연구 활동에 전념할 수 있었습니다. 그 후 뉴턴은 그 고양이가 새끼를 다섯 마리 낳은 것을 보고는 그 구멍 옆에다 작은 구멍 다섯 개를 더 뚫어 주었다고 합니다.

제6주제 과학기술의 발전이 인간을 행복하게 하는가?

 5월 초에 있을 거제시 과학대회 때문에 학교는 부쩍 바빠졌다. 이때쯤 되면 아이들은 어떤 종목에 참여할지를 놓고 많은 고민을 한다. 과학 행사는 학교의 큰 행사 중 하나이고, 학교 대표가 되면 시과학대회에 나가기 때문이다. 이번 과학 행사의 주제는 '인간을 위한 과학'이라 정했다. 몇몇 선생님들도 모여서 커피 타임을 가지면서 시과학대회 대표 선발 문제를 논의했다.

 "항상 있는 일이지만 모형 항공기나 물 로켓 등은 과학이라 볼 수 없을 것 같아요. 사실 말이야 바른말이지, 저건 손재주예요. 무슨 과학적 사고나 원리가 들어 있어요? 어차피 대회 나갈 애들은 영문도 모른 채 다람쥐 쳇바퀴 돌 듯 반복 숙달만 할 텐데……."

 "그렇다면 과학상자도 마찬가지지. 교사가 만들어 준 모델을 아이들이 계속 모방하고 풀고 하는 거지? 그런데 요즘은 실제 움직임과 과제 수행을 보는 것 같더니만……."

"로봇도 마찬가지야. 거의 조립이 다 되어 있지. 그냥 반복 숙달일 뿐이야. 하지만 전자과학은 아닌 것 같아. 일단은 아이가 머리가 좋아야 하지. 왜냐하면 회로도를 이해해야 하거든."

"아이고, 교무 선생님, 어떤 교사는 아이들한테 중요 회로도를 아예 반복해서 숙달하게 한대요. 시간 안에 소리나 빛을 내면 되니 회로도를 아예 외워 버린다고요."

"회로도도 외운다고? 외우는 것도 이해를 해야 외워지지 않겠나?"

"과학 상상화도 마찬가지죠. 유리관 몇 개, 우주인 한둘 정도, 미래형 집이나 구조물 몇 개 정도만 잘 그리면 되니까……."

"아니지, 바다 속일 수도 있고, 우주일 수도 있고, 외계일 수도 있는데?"

"아니 그러니까, 당일 주제가 나오면 기존에 준비한 기술로 그리고 나서, 바다 속이면 바다 풍으로, 우주라면 우주 풍으로, 행성이면 행성 풍으로 그리면 돼요. 그렇게 상 받은 그림 많아. 이게 미술대회인지, 과학대회인지……. 과학적 사고력과 창의력을 기르는 대회잖아, 안 그래?"

박 선생님의 말에 몇몇 선생님이 찬성한다는 뜻을 내비쳤다.

"그럼, 박 선생님 같으면 어떤 과학 상상화를 그리라고 하시겠어요?"

"과학 상상화니까, 육지에는 지하자원이 부족하니 바다 속에서 지하자원을 캐내는 과학 상상화를 그리시오. 수술하지 않고 직접 우리 몸에 들어가 병을 치료하는 방법을 그림으로 그리시오. 또, 물이 부족하니 물 부족을 해결하는 과학 상상화를 그려 보시오. 아, 얼마나 주제가 많고 다양한가? 그중 하나를 당일에 주는 거야. 그래서 아이들이 직접 고민하고, 구상해서 그리도록 해야지. 그래야 그 아이의 창의력과 상상력, 과학적 사고를 알 게 아닌가? 주제와 상관없는 그림 그리면 탈락이지 뭐. 아마 엄청난 그림이 많이 나올걸. 시대회 보라고. 매년 엇비슷한 것만 그리잖아."

"사실 자연관찰대회나 과학탐구실험대회가 진짜예요. 아이디어도 창의적이고 실험 절차와 방법도 정확하고 과학적이어야 하니까요. 특히 보고서를 작성해야 하는데 이게 만만치 않아요. 과학적 사고와 창의적 사고를 함양하는 게 과학 행사의 목적 아니겠어요?"

"아따, 그것도 똑똑한 놈 몇 놈 뽑아서 아예 작년부터 준비해서 시키는 학교가 있어. 몇 가지 경우와 실례를 잡아 교사가 먼저 보고서 작성해 보고, 그 방법과 절차대로 아이들한테 반복 학습시키는 거지."

"허허허, 이러다가 대한민국 과학대회가 암기대회 되겠다. 김 선생, 우리는 정석대로 하자. 교내 대회 우수 아동 뽑아서 시대회 준비하자."

젊은 선생들의 이야기를 듣고 있던 교무부장이 말했다. 커피타임을 마친 선생님은 교실로 가서 칠판에 과학 행사 종목을 썼다.

"이번 과학 행사에서 우리 반은 다양한 종목에서 각자의 의지대로 임했으면 좋겠다. 종목은 예전 그대로이고 올해는 로봇이 들어 있다."

"와! 진짜요?"

특히 남자아이들이 로봇이란 말에 귀가 번쩍하는 것 같았다. 종목은 일곱 종목으로, 과학 상상화, 글라이더, 고무동력기, 전자과학, 과학상자, 로봇과학, 물 로켓이다. 자연관찰대회는 5월에, 과학실험 대회는 6월에 열린다.

"최우수, 우수 아동은 교내 상장을 받고 시대회를 위한 연습을 할 거야. 다시 그중에서 우수한 아동을 학교 대표로 선정하겠다."

선생님은 2주 뒤에 있을 교내 과학 행사 안내를 하고 나서 다음 주에 있을 철학 주제를 아이들에게 내주었다.

과학과 기술의 발전이 인간을 행복하게 하는가?

과학과 기술의 발달은 2,000년 전 약 20세에 불과했던 인류의 평균

수명을 80~90세로 바꾸어 놓았고 현재의 의료기술 발달이 더욱 가속화되면 앞으로 150살 정도까지 수명이 늘 것이라고 합니다. 이 밖에 과학과 기술의 발달은 인류를 지구가 아닌 우주 밖으로 나가게도 했습니다.

과학과 기술의 발전은 이전에 인간의 힘으로 도저히 알 수 없는 신의 영역으로 불리던 여러 가지 한계를 극복해 인류의 번영을 가져왔습니다. 하지만 인구 증가로 인한 자원 고갈, 환경오염과 생태계 파괴, 식량 위기, 인간 소외와 가치관의 혼돈 등 심각한 위기도 함께 가져왔답니다.

과학 예찬론자들은 이러한 문제 역시 과학과 기술의 발전으로 극복할 수 있다고 보고 있습니다. 그러나 과학과 기술의 무분별한 발전이 오히려 인간과 환경을 더욱더 파괴하여 결국 인간에게 불행한 미래만을 안겨 줄 것이라고 비판하는 사람들도 있습니다.

생각해 보기 1

현대 생명공학은 개와 고양이까지 복제하는 데 성공하더니 마침내 인간 복제까지 가능한 기술인 배아 줄기세포 복제까지 성공했답니다. 국내 및 세계의 언론에서는 향후 줄기세포를 이용해 난치병 치료에 획기적인 전환점을 마련할 수 있다고 보도했습니다. 전 세계 불치병 환자나 그 환자의 가족 등은 이들의 연구 업적에 찬사를 보내고 있습니다.

하지만 국내외 종교 지도자들과 일부 시민단체에서는 유전공학자들의 배아 줄기세포 연구가 생명의 희생을 요구함과 동시에 인간의 존엄성을 너무 쉽게 이용한다고 비판합니다.

생각해 보기 2

효제의 어머니는 요즘 주부들의 생활이 정말 편리해졌다고 기뻐합니다. 세탁기와 김치냉장고, 식기세척기 등 많은 가전제품이 어머니의 가사노동을 줄여 주었습니다. 집에서 인터넷으로 시장을 보기도 하며, 홈쇼핑으로 물건을 사기도 합니다. 예전 같으면 직접 음식을 만들거나 빨래를 해야 했고, 물건을 살 때도 직접 보러 다니고 흥정도 해야 하지만 이제는 그럴 필요가 없습니다. 재미는 없어 보이나 힘들지 않고 시간도 절약되며, 무엇보다도 편리합니다.

생각해 보기 3

뉴욕은 세계 최첨단 도시입니다. 맨해튼을 중심으로 빽빽하게 들어선 거대한 마천루들은 최고의 과학기술이 만들어 낸 걸작입니다. 그러나 2001년 9월 11일, 9·11테러가 발생했습니다. 여객기 두 대가 세계에서 가장 높은 쌍둥이 빌딩인 세계무역센터를 들이받으면서 폭발했습니다. 그 테러로 인해 사망하거나 실종한 사람만 3,500여 명에 이른다고 합니다. 이렇게 과학과 기술로 만든 것들은 더 큰 재앙을 부를 수 있습니다.

재길이는 이번 주에 받은 어린이 철학 과제가 이상했다. 과학과 기술의 발달이 우리를 행복하게 하느냐고? 이런 물음은 아주 당연한 것이다. 과학과 기술은 우리에게 너무나 많은 편리함을 주고 있다고 생각했다. 특히 컴퓨터를 사용해 숙제에 필요한 정보를 찾는 것이 너무나 쉽고 편리해졌다. 잘만 사용하면 과학과 기술은 인간이 더욱 편리하고 안전한 삶을 살도록 해 줄 수 있다고 생각했다.

그날 저녁 재길이는 아버지에게 내일 있을 과학 행사 출전 종목에 관해 이야기했다. 아버지는 재길이가 하고 싶은 걸 하라고 했고 재길이는 물 로켓 만들기가 재미있을 것 같아 물 로켓 부문에 지원하기로 했다. 어머니는 왜 물 로켓이 하고 싶은지 물었다. 재길이는 물의 힘으로 하늘로 날아가는 로켓이 멋있다고 말했다. 어머니는 어떻게 물의 힘으로 로켓이 날아가는지 설명해 보라고 했다. 재길이는 자신 있게 자신이 알고 있는 것을 말했다.

"엄마! 당연하죠, 물이 들어 있는 부분에 공기를 세게 주입해 순간적으로 발사하니까요."

"음, 그럼, 재길아! 로켓에 힘을 주는 것은 무엇이지?"

"그야 펌프죠."

"펌프? 정확히는 펌프로 들어온 공기압이겠지. 로켓은 공기압만큼의 힘으로 날아가는 거란다. 그것이 뉴턴의 운동 제3법칙인 작용과 반작용의 법칙이란다."

재길이는 당황했다. 어머니가 자기보다 더 많이 아는 것 같았다.

"그러니까 재길이가 10뉴턴(힘의 단위)만큼 벽을 민다면 벽도 10뉴턴만큼의 힘으로 너를 미는 거란다."

"에이, 벽이 어떻게 밀어요?"

아버지의 말에 동생 성길이가 우습다며 벽을 미는 시늉을 했다.

"성길아, 모든 물체는 작용하는 힘만큼이나 반작용하는 힘을 가지고 있단다. 만약 성길이가 벽을 밀었을 때 그 벽이 넘어져 버린다면 그 벽은 전혀 힘을 발휘하지 못한 거지. 그러나 그 벽이 버티고 서 있다면 그 벽은 성길이가 민 만큼의 힘으로 버티고 서 있는 거야."

"그것이 뉴턴의 운동 제3법칙인 작용과 반작용의 법칙이라는 거야."

아버지의 말에 어머니도 거들었다.

"그러면 이 법칙에 맞게 만들어진 것이 무엇이 있을까?"

"로켓……. 음, 그리고 로켓과 비슷한 미사일이죠."

"그것밖에 없을까?"

"……."

"자동차도 이런 원리지."

"자동차도요?"

"그럼. 모든 움직이는 물체는 작용과 반작용의 원리에 놓여 있단다. 대포도 그렇지. 대포가 발사되면 포신이 뒤로 움직이는 게 그런 원리야."

"와우, 과학 짱이야. 과학적 원리가 모든 것에 적용되는군요."

성길이는 주먹을 불끈 쥐고 외쳤다.

"그런데 아버지, 어떻게 해서 로켓을 개발한 거죠?"

"하늘로 뭔가를 쏘아 올리는 것 중 가장 처음에 발명된 건 무엇일까?"

"아무래도 대포겠죠."

"그래. 처음에 중국에서 화약을 이용한 대포를 발명했지. 대포는 먼 거리에서 사람과 시설물을 파괴하는 데 아주 효과적이지. 프랑스 황제 나폴레옹이 포병 장교로 권력을 잡은 것이 그 예란다. 당시에 대포의 위력은 전쟁의 상황을 바꾸어 버릴 만큼 대단했지."

"그런 대포가 어떻게 미사일로 발전했죠?"

"제2차 세계대전 때 독일의 히틀러가 바다 건너 영국을 공격하기 위해 미사일을 개발했단다. 직접 독일에서 쏜 미사일이 바다를 건너 영국의 수도 런던을 포격했지. 실로 무섭고 위력적인 무기의 개발이 시작된 거야. 제2차 세계대전이 끝나고 미국과 소련은 미사일을 더욱 발전시켰고, 엄청난 무기를 탑재한 대륙간 탄도 미사일 등을 개발한 거야."

"대륙간 탄도 미사일요?"

재길이는 호기심이 생겼다. 아버지는 방에서 지구본을 가져오더

니 손가락으로 가리키며 설명했다.

"여기 미국에서 미사일을 쏘면 전 세계 어디든 공격 가능하다는 거야. 심지어 핵잠수함에 탑재해서 바다 어느 곳에서든 쏘아 올리지."

"우와! 짱이다."

"뭐가 짱이야. 무서운 거지."

성길이의 말에 재길이는 놀라면서 말했다

"그런데 재길아! 여기 이 미사일에 엄청난 무기, 즉 화학탄이나, 세균탄, 또는 원자탄, 수소폭탄을 탑재한다면 인류를 파괴할 수 있는 엄청난 위력을 지닌 무기가 된단다."

재길이는 너무나 놀랐다. 과학이 발전하는 속도만큼 우리에게 너무나 큰 위험으로 다가오고 있는 것이 아닌가?

"아버지, 전 세계에 핵탄두가 몇 개 정도 있죠?"

"아마 잘은 모르겠는데 1만 기 이상일걸. 미국이 최고로 많이 가지고 있지. 제2차 세계대전 때 일본에 터뜨린 핵무기는 도시 하나를 완전히 파괴했지만 지금의 핵무기는 그 열 배, 심지어 백 배 정도의 위력을 가지고 있단다."

"너무 무섭군요."

"그래, 과학과 기술의 발전이라는 것이 아이러니하게도 전쟁의 발전과 같이 간다는구나. 너희들이 요즘 즐겨 사용하는 인터넷도 사실은 미국 국방부에서 전쟁과 군사 작전을 효율적으로 펼치기 위해 개발한 거야."

"아, 그래요. 그건 몰랐네."

사과를 깎으시던 어머니께서 얘기하셨다.

"그런데 무기 개발로 시작된 미사일이 우주선으로 발전해 저 먼 우주를 연구하기 시작했으니 이것 또한 과학의 성과라 할 수 있겠지. 저 먼 우주에서 어떤 일들이 일어나 지구에 어떤 영향을 미칠지 아무도 모르지 않니?"

재길이는 오늘따라 아버지가 멋있어 보였다. 한편으로는 과학기술의 발전이 무섭기도 했다. 마치 과학과 기술은 우리에게 편리함과 더불어 위험을 함께 제공하는 것 같았다.

※

어린이 철학 시간이 다가오자 아이들은 사전에 조사한 내용을 서로 비교하고 자신의 의견을 이야기하고 있었다. 모둠으로 시작된 어린이 철학은 오늘따라 시끄러웠다. 5모둠에서는 민찬이가 목에 힘을 주며 토론하고 있었다.

"조선 시대에는 글을 쓰기 위해 먹을 갈고 붓으로 써야 했지만 지금은 연필로 쓰면 된다. 볼펜, 샤프, 형광펜은 얼마나 쓰기가 좋아? 종이 질도 좋고. 그래서 과학과 기술의 발전은 우리의 생활을 편리하게 바꾸어 더 많은 일을 하게 해 주었단 말이다."

"나도 민찬이 말에 찬성하는데 옛날엔 말이야 우리 거제도에서 서울까지 가려면 걸어서 한 달 이상 걸렸겠지. 말을 타고 가면 7일 정도 걸릴걸. 하지만 지금 보라고. 차를 타고 가면 4시간이면 충분해. 과학기술의 발전이 우리 인간의 활동 영역도 많이 넓혀 준다고."

"아까부터 민찬이와 석훈이는 과학과 기술의 발전이 우리에게 편리한 생활을 하게 해 주었다고 하는데 불편하게 해 주는 것도 많아. 너희들 생각대로 자동차와 도로 덕분에 하루 만에 서울에 왔다 갔다 할 수 있다고 치자. 그러나 이번 주제는 행복이야. 편리함이 아니라고. 자동차가 발달하니까 옛날에는 전혀 문제가 되지 않았던 교통사고 수가 얼마나 많아졌어. 목숨을 잃거나 사고를 당해 장애인이 된 사람들이 너무나 많아. 과연 과학기술의 발전이 마냥 행복하다고 볼 수 있을까?"

"그건 노력에 따라 다르다고 생각해. 우리가 자동차를 운전할 때 그냥 운전하는 게 아니잖아. 일단 교통법규가 있고 또 도로에서 서로 조심하면 사고가 나지 않아. 과학기술의 발전만큼 우리의 의식도 따라 발전하는 거야. 그래서 나는 과학과 기술은 우리를 행복하게 한다고 봐."

"그런데 민찬아! 우리가 서로 교통법규도 지키고 조심해서 운전하는데 불의의 사고, 즉 예상치 못한 사고가 많이 일어나잖아. 예를 들어 어떤 사람이 조심해서 운전하고 가는데 갑자기 어린아이가 공을 주우러 뛰어오다가 사고가 난 거야. 그럴 경우 어떡하지?"

5모둠의 토론을 지켜보던 선생님이 문득 민찬이에게 질문을 던졌다.

"그건 아이 잘못이에요. 우리가 유치원 때 배우는 게 그거잖아요. 일단 차가 다니는 도로에서는 차가 오는지 안 오는지 살펴야죠."

"그런데 아이잖아, 어린아이. 모를 수도 있는 거야."

은휘는 선생님 편을 들면서 민찬이의 의견에 반박했다. 선생님은 더 이상 어떤 질문도 하지 않고 구경만 했다.

"어린아이들은 아직 몰라. 판단을 하는 게 쉽지 않단 말이야. 차가 오는지 안 오는지가 중요한 게 아니라, 처음부터 어린아이들의 특성을 생각해서 도로를 만들어야지."

"어떻게?"

"아이들이 쉽게 드나들지 못하도록 방어벽을 치면 되잖아. 아니면 방지턱을 만들든지."

"너 바보냐? 어떻게 모든 길에 그걸 만들어?"

"뭐 바보? 토론할 때 그런 말을 쓰면 싸움으로 번질 수 있기 때문에 벌점 받기로 했을 텐데……."

"아, 미안. 그건 잘못했다. 하지만 난 분명히 네 말을 인정할 수 없어. 그건 불가능해."

"아니지. 모든 길에 하는 게 아니라, 사람이 많이 다니거나 마을을 지나는 길만 하면 되잖아? 어린아이들이 그곳에 많이 있지. 어린아이들이 많이 사는 지역에 방지턱을 만들면 된다고 봐."

5모둠에서 은휘가 끝까지 자신의 입장을 고수하자 석훈이가 갑자기 은휘 편을 들었다.

"그래, 좋아! 도로를 그렇게 만들지 뭐. 그럼 자동차 문제는 해결되지."

"……."

"그래. 자동차도 기술적으로 더 발전시켜 사고를 미리 예방할 수 있는 센서를 만들고, 또 도로도 네 말대로 안전하게 설치하면 되겠지?"

"……아니, 내 말은……, 음, 그렇지……."

은휘는 할 말이 없다. 분명 자동차라는 과학기술이 인간을 편리하게 해 주지만 행복하게 해 주는 것은 아니고, 어쩌면 불행하게 만들 수도 있다고 얘기하려고 했다. 그런데 토론을 하다 보니 어느새 상대방의 말에 따르는 입장이 되어 버렸다.

'어떻게 된 거야?'

왜 그런지 곰곰이 다시 생각해 보니 토론이 엉뚱한 곳으로 흘러가서 자신이 생각한 주장과 말이 다르게 표현된 것 같았다. 선생님 때문이었다. 선생님이 민찬이 말에 정반대의 반박을 한 게 아니고 민찬이 주장에 대한 문제를 제시하는 바람에 토론이 이상하게 꼬인 것이다.

10여 분에 걸친 개별 토론이 끝나자 선생님은 전체 토론을 위한 자리 배치를 했다. 토론의 시작은 민찬이부터였다.

"우리 5조에서도 토론한 것인데, 우리는 과학만큼 우리 인류에게 편리성과 확실성을 가져다주는 게 없다는 결론에 도달했습니다. 물론 과학의 문제는 있습니다. 그러나 인간은 다시 그것을 조정하고 수정할 수 있습니다. 그래서 저는 과학과 기술의 발전은 우리를 행복하게 해 준다고 봅니다."

"저는 꼭 그렇지 않다고 봅니다. 어저께 어머니하고 이 문제에 관해 많은 토론을 했는데 어머니께서 하시는 말이 휴대폰이 나오기 전에는 많은 전화번호를 암기했는데 휴대폰 기능이 좋아지면서 굳이 번호를 암기하지 않는다고 하더군요. 즉 기술의 발전은 인간에게 편리함을 주지만 그 대가로 기억력이 떨어지는 거예요."

"저는 우석이와 생각이 다릅니다. 암기하는 것보다 더 많은 정보를 확보하므로 무조건 과학의 발전이 인간을 더 행복하게 해 준다고 봅니다."

"석훈이 말대로 휴대폰 때문에 많은 정보를 저장하고 이용하는 것은 사실입니다. 하지만 그 편리함으로 인해 인간은 머리를 점점 더 사용하지 않아서 기억력이 떨어질 것입니다. 이건 그렇게 좋아할 일만은 아닌 것 같습니다."

"아닙니다. 정보의 양이 많은 것도 많은 거지만 인간의 머리는 완벽하지 않습니다. 급할 때나 또는 시간이 지나면 잊어버리기 쉽습니다. 휴대폰 번호 저장은 이러한 단점을 극복하게 도와줍니다. 번호를 저장함으로써 완벽하게 기억할 수 있습니다. 걱정할 필요가 없는 것입니다. 특히 할아버지나 할머니들 같은 경우에 더욱 필요할 겁니다. 그리고 너무 많이 암기하면 머리 터져!"

"……."

민찬이가 손으로 머리를 감싸며 '펑' 터지는 흉내를 내자 석훈이가 죽어라 웃었다. 석훈이와 민찬이의 협공에 우석이는 반박도 못하고 친구들과 선생님을 번갈아 쳐다보았다. 도와달라는 눈짓이었다.

"인간이 문자를 발명하면서 기억력이 많이 떨어지는 건 사실이야. 하지만 문자의 발명으로 더 많은 정보를 안정적으로 확보할 수 있지 않니?"

"봐, 내 말이 맞잖아. 선생님 감~솨~해요."

민찬이는 혀 꼬부라지는 소리를 내뱉으며 느닷없이 고개를 숙였다.

"이런 경우는 어떨까? 예전에는 우리 모두 스스로 문제를 해결하는 경우가 많았지. 예를 들어 선생님이 어릴 때 우리는 쌀을 씻고 적당한 물을 부어 장작불에 밥을 지어먹곤 했어. 그러다가 전기밥솥이 나왔지. 그런데 요즘은 일회용 밥까지 나왔어. 슈퍼에서 사서 전자레인지에 넣으면 밥이 그냥 되지. 편리한 건 사실이지만 이렇게 생각해 볼 수 있어. 어떤 부분에서는 우리는 인간으로서 잊지 말아야 할 최소한의 가치를 잊어버리는 것은 아닐까?"

"저도 그 의견에 동의하는데요. 저희 할머니께서 예전에는 삼촌이나 고모들의 주소를 전부 외웠대요. 그런데 고모가 휴대폰을 사 준

이후로 모두 잊어버렸대요. 아무래도 머리로 암기하려는 노력을 하지 않는다고 하더군요. 그런데 편하대요. 특히 단축키 말이지요. 할머니는 단축키가 완전 짱이래요."

"하하하. 단축키는 정말 좋아."

수빈이 말에 두철이가 박장대소하며 거들었다.

"그래, 그런 장단점이 있구나. 다른 예는 없을까? 응, 재길이?"

"많은 친구들이 과학과 기술에 대해 환상을 가지고 있는 것 같아요. 저도 이 문제로 부모님과 많은 대화를 나누었습니다. 얼마 전에 우리별 1호가 발사되면서 우리도 인공위성을 갖는다고 좋아했지만, 인공위성은 처음에 많은 사람을 죽이기 위한 목적에서 만들어졌다는 것을 아십니까? 그리고 지금 전 세계의 많은 나라가 수없이 많은 대량살상무기를 미사일에 탑재해 놓은 상태인 것도요? 정말 위험한 세계이지요. 저번 과학 시간에도 배웠겠지만, 우리가 사용하는 전기는 발전소에서 만듭니다. 하지만 소중한 전기를 만들기 위해 엄청난 자연의 희생을 대가로 치르고 있다는 걸 알아야 합니다."

"누가 모릅니까? 하지만 전기 없이 살 수 있어요? 전기 없으면 우리는 아무것도 할 수 없어요. 저녁은 완전히 암흑으로 변할걸요. 낮에 공장은 어떻게 돌리나요? 모든 것이 멈추지 않을까요? 겨울은 어떻게 지내요? 산에 있는 나무들 다 베어야겠네."

"맞아요. 아마 거제에 있는 저 거대한 조선소의 모든 기계들이 멈춰 서지 않을까요? 저게 멈춰 서면 부모님도 직장을 잃겠지요? 물론 재길이네 아버지도······."

민찬이 말에 이번에도 석훈이가 거들면서 우석이가 아닌 재길이에게 공세를 폈다. 하지만 재길이는 전혀 개의치 않았다.

"하지만 우리는 에너지를 얻기 위해 너무나 많은 대가를 치릅니다. 전기에너지의 80퍼센트를 생산하는 화학발전은 화석연료 사용으로 인한 환경공해와 지구온난화를 불러옵니다. 전기에너지의 15퍼센트를 담당하는 원자력발전의 위험은 체르노빌 원자력발전소 사고로 잘 알려졌습니다. 편리하지만 너무 위험한 세계가 되어 가고 있습니다. 과학의 발전이 과연 행복한 걸까요?"

"이야. 재길이 똑똑한데. 그리고 가면 갈수록 여름에 더워서 못 살겠어요. 지금이 5월 초인데도 얼마나 더워요. 이것도 지구온난화로 인한 기상이변 아닌지 몰라?"

"더워서 공부도 안 돼."

은휘가 재길이 편을 들자 지혜는 덥다는 시늉을 하며 자신의 머리를 좌우로 흔들었다. 그런 지혜가 어이가 없어 석훈이 한마디 했다.

"넌 원래 안 하잖아. 그리고 더우면 에어컨 켜면 되지."

"이게 죽을래?"

"에어컨 켜면 실내는 시원하지만 에어컨 뒤에서 얼마나 뜨거운 바람이 나오는지 모르니? 어째 하는 짓이 지혜랑 똑같니? 호호호."

"은휘 말이 맞아. 또 에어컨 가스가 지구 오존층을 파괴한다고 그러더군. 그 뭐더라, 프레온 가스인가?"

"그러면 오존층을 보호하는 기계나 기구를 개발하면 되잖아."

한슬이가 이의를 제기하자 석훈이는 주먹을 쥐고서는 벌게진 얼굴로 책상을 꽝 치면서 말했다. 그런 석훈이가 어이없다는 듯 은휘가 다시 쏘아붙였다.

"그게 또 우리 인간과 지구의 환경을 위협하면 어쩔 건데……."

"또 그 대안을 개발하지 뭐. 쉽네, 과학!"

"으하하하."

민찬이의 말 한마디로 토론은 더 진행되지 못했다. 아이들은 순환논법에 빠진 것을 알고 서로가 웃고 있었다.

"음, 참으로 어렵군. 호모 사피엔스 사피엔스인 인간은 자신의 생존과 필요에 의해 너무나 위대한 업적을 만들어 내고 만물의 영장이 되었지. 하지만 전쟁과 대량학살이 가능한 치명적 무기들을 과학의 이름으로 만들어 내고 있어. 그런데 그걸 또 과학으로 해결할 거라고 생각해. 음……, 너무 거창하게 얘기를 시작하니 토론의 핵심을 잘 보지 못하는 경우도 있는 것 같아. 작게 시작해 볼까? 일상생활에서 일어나는 일이면 이 문제를 더 구체적으로 볼 수 있다고 생각하는데……. 전기가 없어 불편했던 점이 없을까?"

"저는 과학의 발전이 정말로 필요하다고 봅니다. 그리고 우리 인간도 그 결과물에 만족하고 있고요. 몇 년 전 태풍 매미가 거제도를 강타해 5일 동안 전기가 들어오지 않았을 때 얼마나 고생했습니까? 저녁마다 촛불 켜고 살았잖아요. 좋아하는 컴퓨터도 텔레비전도 보지 못하고, 더군다나 학교 외에는 아무 데도 갈 수 없었어요. 하하하, 꼭 원시시대 같았어!"

"난 그때 신 나고 재미있던데……."

재옥이와 은휘가 태풍 매미로 인한 정전사태가 재미있었다고 하자 선생님은 궁금해졌다.

"어, 그래? 어떤 측면에서?"

"아니, 예전 같았으면 저녁에 텔레비전을 보거나, 아니면 컴퓨터 게임을 했을 텐데, 아예 그런 걸 할 수 없으니 할머니하고 동생하고 감자 삶아 먹으면서 많은 얘기를 나누었어요. 할머니 얘기가 어찌나 재밌던지……."

"얘기도 어느 정도지, 3일 밤은 정말 길어……."

지혜는 은휘가 답답하다는 듯 입을 삐죽거렸다.

"그렇지만 저는 처음으로 밤하늘을 보았습니다. 너무 아름다웠어요. 왜 여태 별에 대해서 배웠지만 밤하늘을 볼 생각을 못했는지……. 온 세상이 암흑이니까 별이 무척 밝게 보였어요. 할머니는 그것이 은하수라고 했는데, 전기 없는 세상이 우리 가족에게 큰 선물을 했다고 좋아했어요."

"그래서? 원시시대로 다시 돌아가잔 말입니까? 나무 팬티 입고 '우가우가 챠챠챠' 하자고요?"

민찬이는 마치 원시인 흉내를 내듯 손을 아래위로 올리고 다리를 팔자로 벌리면서 은휘 앞에서 춤을 추며 놀렸다.

"세상은 나날이 발전한다고요. 과거로 돌아갈 수 없어요. 미래에서 희망을 찾아야지. 안 그래요, 여러분?"

"과거로 가자는 게 아니라 과학과 기술의 발전이 마냥 좋은 것은 아니라는 겁니다."

민찬이와 재길이가 다시 맞붙었다.

"그래서 과학과 기술을 하지 말자는 것입니까?"

"무분별한 과학의 발전을 막자는 거지요."

"왜 그걸 무분별하다고 합니까? 인류는 페니실린을 발견하면서 무수한 질병을 이겨 내고 살아남았습니다. 비행기를 발명해 더 빠르게 이동할 수 있었습니다. 인공위성을 쏘아 올리면서 거대한 태풍의 진로를 알아냈고 태풍의 피해에 대처할 수 있었습니다. 컴퓨터가 발전하면서 수많은 정보를 손쉽게 획득할 수 있었습니다. 지금 여러분들은 과학의 열매가 주는 혜택을 받아 엄청나게 편리하게 생활하면서 왜 과학을 비판합니까?"

"우와! 나대기 멋있는데……."

"……."

영수가 편을 들자 민찬이는 쌍수를 들어 환영했고 반대편 입장에 선 아이들은 더 이상 말을 잇지 못했다. 이때 선생님이 슬며시 토론에 개입했다.

"그럼 예전에는 없었던 질병들이 환경이나 다른 요인에 의해 새롭"

게 생기는 경우는 어떡하지? 특히 생활의 편리로 인한 성인병들 말이지. 비행기도 그래. 비행기는 우리가 이동하는 데 편리함을 주지만 전쟁에서는 치명적인 무기가 되지. 또 인공위성을 쏘아 올리는 로켓이 엄청난 재앙을 심어 줄 수 있는 무기인 미사일로 사용될 경우는 어떻게 할까?"

"아, 그건, 음…… 어휴, 선생님은 또 나서신다……."

"선생님, 그렇다고 과학과 기술의 진보를 막을 수 없잖아요. 구더기 무서워 장 못 담그는 경우밖에 안 되잖아요. 그리고 사람의 호기심과 욕망도 그냥 있지 않을 텐데……. 아마 그런 욕망이 없었으면, 그 뭐지, 아, 오스트랄로피테쿠스에서 못 벗어났을걸."

"야, 한슬이가 훨 낫다. 한슬이 파이팅."

"그럼 우리 지구에 지금 오스트랄로피테쿠스와 원숭이들 간의 전쟁이 벌어졌겠네."

"하하하, 명곤아! 그러면 〈혹성탈출〉이다. 〈혹성탈출〉!"

그때 지혜가 은휘의 어깨를 끌더니 조용히 물었다

"그런데, 은휘야! 오스트피테쿠스가 뭐야?"

"오스트피테쿠스가 아니고 오스트랄로피테쿠스, 원숭이지. 니는 그것도 모르나?"

갑자기 은휘가 '너, 바보 아냐?' 하는 듯한 표정으로 황당한 듯 대답했다. 그런데 이를 듣던 명곤이가 박장대소를 하며 냉소를 날렸다.

"무식하기는……. 최초의 유인원이야. 원숭이하고는 다르다고. 아마 너희들과 비슷할 거야."

"아, 미쳐! 김은휘, 너는 조용히 말해야지. 그리고 명곤이 너!"

지혜는 자리에서 일어나더니 명곤이의 머리에 꿀밤을 한 대 먹였다. 명곤이는 원숭이가 사람을 때린다며 한 손은 머리 위에 올리고 한 손은 얼굴을 긁는 시늉을 하며 도망다녔다. 지혜는 가만히 안두겠다며 그런 명곤이를 잡으러 다녔다. 선생님은 둘을 보고 많이 진화했다며 놀려 댔다.

"선생님 말씀대로 우리가 과학의 발전에 반대하는 것은 아닙니다. 단지 인간과 자연의 소중함도 함께 생각하자는 것입니다. 저희 어머니와 아버지는 예전보다 물질적으로는 풍부해졌는데 행복하지는 않다고 합니다. 조금 가난하고 부족했던 예전이 훨씬 인간다웠다고 하더군요. 그리고 거대한 마천루와 비행기가 없다면 수많은 사람들이 하루아침에 그렇게 쉽게 죽을 일도 없지 않았을까요?"

선생님의 말에 힘입어 재길이가 논리정연하게 자신의 입장을 말했다.

"선생님 때문에 우리는 졌다. 선생님도 나대기다."

"영수야! 선생님하고 니하고 짝지해라."

민찬이가 낙심한 모습을 보고 명곤이가 농담을 건네자 아이들은 낄낄거리며 웃었다.

"아니, 이기고 지는 것은 없어. 우리가 어떤 주제를 가지고 토론을 할 때 내 주장에 대한 합당한 근거를 상대방에게 이치에 맞게 제시하는 거지. 그리고 이런 토론을 통해 상대방의 견해를 알아보면서 자신의 주장에 반성적으로 접근해 보는 거야. 분명 과학의 발전은 우리에게 엄청난 편리함과 물질적 풍족함을 안겨 주었지만 다들 오히려 옛날보다 더 쫓기듯이 살아가고 있지 않아?"

"그런 것 같네요."

"컴퓨터와 휴대전화 때문에 쉴 때도 일에서 손을 뗄 수 없게 되었고, 인생을 즐기는 시간도 점점 줄어들고 있어. 과학기술의 발달로 힘든 일로부터 벗어나기도 했지만 그와 반대로 인간이 했던 여러 일들을 로봇이 대체하면서 실업률이 증가하고 있지. 과학 문명이 발전할수록 인간은 더 자유로워져야 되는데 더 경쟁적이고 더 바쁘게 살아가는 것은 아닌지? 또 어쩌면 과학기술의 발전이 우리를 정교하게 구속하는 지배의 수단으로 기능하는 것은 아닌지? 이런 것들을 토론을 통해 살펴보는 거야. 그러면서 우리는 좀 더 나은 사회를 만들어가기 위한 합의를 이끌어 내는 거지."

"합의가 안 되면 어떻게 해요?"

민찬이가 질문을 던졌다.

"서로가 대화를 해야지. 그리고 각자의 주장을 상대방 쪽으로 접근시켜 보면 서로가 인정하는 부분이 생기겠지."

"선생님은 이 주제에 관해 어떻게 생각하나요?"

"선생님 말이 모두 맞는 것은 아니야. 단지 과학은 근본적으로 어떤 새로운 것을 만들려고 하는 거지. 그러다 보니 도덕적으로나 윤리적으로 문제를 일으키기도 해. 그러나 과학이 비윤리적이라는 뜻은 아니야. 과학은 코페르니쿠스, 뉴턴, 갈릴레이, 다윈이 그랬듯, 기존의 가치와 질서를 무너뜨리며 항상 새로운 성과를 이루어 냈어. 과학은 우리의 윤리 가치를 넘어 계속 발전할 거야. 그렇지만 우리는 과학 문명에 대한 비판 정신을 잃지 말아야 해."

"어떻게 비판하죠?"

이번에는 석훈이가 의구심을 가지고 질문했다.

"과학과 기술의 발전은 인간에 의해 이루어지지. 그러한 발전 가운데 부딪히는 여러 가지 선택의 기로에서 결단을 내리는 것도 우리 인간이야. 깨어 있는 자만이 과학을 인간 중심으로 이끌고 갈 수 있지. 인간이 과학에 끌려가면 치명적인 문제가 야기될 수 있단다. 과학의 발전이 만능은 아니야. 어떤 면에서 과학의 발전이 인간의 생존을 더욱 위협할 수도 있어. 그래서 언제나 냉철한 눈으로 과학의 발전을 지켜보고 간섭해야 해. 그래야만 인간과 자연이 모두 만족할 수 있는 모습으로 과학이 발전하는 거지."

※

재길이는 저녁 내내 인터넷으로 '과학 발전의 장단점'이라는 제목으로 검색을 했다. 그리고 제출할 보고서에 이렇게 썼다.

'우리 인간은 질병을 예방하거나 퇴치하기 위해서 또는 건강해지기 위해 약물을 복용하지만 그 부작용과 희생이 늘어나고 있다. 새로운 질병, 예를 들어 항생제에 저항을 가진 바이러스의 출현으로 인간은 또 다른 위험에 놓여 있다.'

다음 날 아이들이 제출한 보고서에서는 의미 있는 구절이 많이 발견되었다.

'차라리 밤에는 전기가 없는 세상이면 좋겠다. 밤에 학원 가기가 너무 싫다.'

'심부름하는 졸병 로봇이 빨리 만들어져야 한다. 음식물 분리수거와 아빠 심부름이 너무 힘들다.'

'유전자 변형 콩은 우리를 괴물로 만들지는 않을까?'

'찬성! 숙제로봇, 반대! 감시로봇.'

민찬이의 보고서에는 다음과 같은 글이 적혀 있었다.

'인간의 머리에 차라리 손오공 머리띠를 두르는 게 낫겠다.'

명곤이는 이렇게 썼다.

'모든 답은 선생님이 알고 있다. 우리는 편안히 이용만 하면 된다. 전략? 전략은 모르는 척 계속 쳐다만 보는 거다.'

선생님은 미소를 띠면서 빨간색 펜으로 글을 썼다.

'요 녀석 혼 좀 나야겠다.'

유쾌하고 재미있는 괴짜 철학자들

다양한 모습의 철학자, 루소

루소(1712~1778).

루소는 『인간불평등 기원론』이나 『사회계약론』을 통해 18세기 유럽 사회를 발칵 뒤집어 놓았습니다. 루소는 "타인에게 양도하거나 분할할 수 없는 국민의 일반 의지는 절대적이며, 따라서 국민주권 또한 절대적이다."라고 주장합니다. 루소의 사상은 국민에 의한 직접민주제로 이어지고 마침내 프랑스혁명의 도화선이 되었으며, 기존의 유럽 체제를 붕괴시킨 주춧돌이 됐습니다.

루소는 가난한 시계공의 아들로 태어나 정규교육도 받지 못했고 아버지에게 버림받아 고아나 다름없이 이곳저곳을 떠돌며 자랐지만 독학으로 당대 최고의 지식인 자리에 올랐습니다. 오늘날 같은 세상에선 상상하기 힘든 일이지요.

어린 시절 아버지에게 버림 받았던 그는 자신의 아이들도 똑같이 대해 버립니다. 친자식 다섯 명을 전부 고아원에 보내 버린 것이죠. 이러한 비

제6주제 과학기술의 발전이 인간을 행복하게 하는가? 175

정한 아버지가 오늘날까지 아동교육의 성서라고 하는 『에밀』을 썼다니 이해하기 힘든 아이러니입니다.

　루소는 철학뿐만 아니라 음악에서도 조예가 깊은 사람이었습니다. 하지만 그의 유명한 저서들 때문에 이 점은 그리 알려져 있지 않습니다. 파리에서 그는 악보 필경사로 생계를 유지했다고 합니다. 당시 파리에는 디드로 등의 계몽주의 철학자들에 의해 『백과전서』라고 하는 최초의 백과사전이 만들어지고 있었는데, 루소는 그 백과사전의 음악 부분을 집필하는 필자로 참여했다고 합니다.

　이렇게 다양하고 이중적인 모습을 지닌 철학자 루소를 매우 좋아했던 사람은 다름 아닌 칼같이 시간을 지키며 살아온 독일의 완고한 철학자 칸트였습니다. 칸트는 자신의 방에 루소의 초상화를 걸어둘 정도로 루소를 흠모했다고 합니다.

제7주제
인간과 자연을 행복하게 하는 과학 기계 구상하기

　토론 시간만 되면 소심해지는 소라는 오늘도 갑자기 질문하는 선생님 때문에 가슴이 철렁 내려앉았다. 앉아서 친구들과 이야기할 때는 말을 잘하는데 토론 시간만 되면 심장이 쿵쾅거렸다. 5교시 국어시간에 대뜸 선생님이 우리나라의 에너지에 관해 말하면서 여러 에너지 중에서 특히 전기에너지의 대부분은 어디에서 얻느냐고 물었다. 물론 국어 읽기 과목에 그런 내용이 있긴 하지만 대부분 과학 시간에 다 배운 것들이었다. 소라가 일어서서 말하려는데, 갑자기 앞이 컴컴해지더니 그만 입이 다물어지고 말았다. 이마에서 식은땀이 나기 시작했다. 5월 초인데도 어찌나 날이 덥던지……. 오늘따라 날씨가 더 더운 것 같았다. 잠깐 머뭇거리고 있는데 어느 틈에 재길이가 일어나 의견을 말하고 있었다. 저번 주 어린이 철학 시간에 자신이 말한 것이라고 하면서 화석연료를 사용하는 화력발전소가 전체의 80퍼센트를 차지하고 원자력발전소가 15퍼센트 정도를 차지한다고 했다.

"그래, 그러면 누가 각각의 에너지 발전에 대한 장단점을 이야기해 볼 수 있을까?"

선생님의 말에 남학생 몇몇이 얼굴에 웃음을 띠면서 손을 뻗었다. 영수가 일어서더니 마치 암기라도 한 듯 줄줄 대답했다.

"화력발전소가 가장 발전하기 쉽고 적은 비용으로 지을 수 있습니다. 단지 석탄이나 석유 등 화석연료를 이용해야 하므로 우리나라와 같이 기름이 나지 않는 나라는 더 많은 경비가 들겠죠. 그리고 무엇보다도 화석연료를 사용함으로써 지구온난화나 지구 대기오염에 치명적으로 작용하니까 아무래도 화석연료 사용을 줄여야 하지 않을까요?"

"원자력발전도 적은 비용으로 최고의 효과를 낼 수 있다고 하던데요. 우리나라같이 에너지가 부족한 나라에서는 원자력발전을 고민해야 한다고 어떤 책에서 읽었어요. 그런데 아주 위험하긴 한가 봐요. 얼마 전 전라도 부안에서 원자력발전소도 아닌 방사능 폐기물 재처리장을 만드는 데도 온 나라가 떠들썩하더라고요. 저희 아버지도 그러시는데 소련의 체르노빌 원자력 사고 때 어마어마한 피해가 발생했다고 하던데요."

영수와 은빈이다. '부러운 나대기들.' 소라는 속으로 중얼거렸다.

저 아이들은 너무나 말을 잘한다. '왜 쟤들은 말을 잘할까?' 소라는 수업 시간 내내 이 생각에 골몰했다. 책을 많이 보거나 공부를 잘해서는 아닌 것 같았다. 왜냐하면 자신도 책을 많이 보고, 또 공부도 쟤들 못지않게 하기 때문이다. 그리고 무엇보다도 이들이 지금 한 얘기는 자신도 모두 아는 내용이었다.

"그래, 1986년에 우크라이나의 체르노빌에서 일어난 그 사건 때문에 현장에서 30여 명의 사람들이 화재를 진압하느라고 죽고, 그 후에도 약 43만 명이 암, 기형아 출산 등 각종 후유증을 앓고 있다고 하더구나. 그리고 더 위험한 것은 바람을 타고 방사능 낙진이나 먼지가 전 유럽과 아시아 등으로 퍼졌다는 거야. 그래서 얼마나 많은 희생자를 냈는지 모른다고 하더구나."

선생님의 설명을 들은 아이들은 "후유." 하면서 고개를 끄덕거렸다.

"얼마 되지는 않지만 수력발전도 지구환경에 엄청나게 영향을 미친다고 합니다. 저번에 텔레비전에서 보았는데 프랑스에서는 이제 댐을 허문다고 하더군요. 댐을 막는 것이 생태계를 엄청나게 파괴시킨다면서요."

"그렇구나. 우리에게 정말 없어서는 안 되는 전기에너지가 사실은 엄청난 위험을 안고 있구나. 꼭 이 방법밖에 없을까?"

"바람으로 전기를 만드는 풍력, 태양에너지를 가지고 전기를 일으키는 태양력발전도 있습니다."

"파도의 힘으로 전기를 만드는 조력발전도 있지요."

"땅속의 열기를 이용해 전기를 만드는 지열발전!"

아이들은 저마다 자신들이 알고 있는 대체에너지에 대해 말했다.

"모두 맞는 말이야. 사실 지금 과학자들은 환경오염과 에너지 고갈을 막을 방법으로 대체에너지 개발에 많은 힘을 쏟고 있어. 선생님이 듣기로 하늘에서 치는 저 번개를 에너지로 모으면 어마어마한 양이 된다고 하던데, 번개 에너지는 어떨까?"

"번개 에너지라고요? 좋죠."

"하늘에서 치는 번개만 모을 수 있다면 전 세계의 발전소는 필요 없단다. 그런데 번개에서 전기를 모으기는 힘들다고 하는구나. 전압이 세고 너무 많은 전류가 흐르기 때문에 그걸 담는 축전지나 옮기는 전선을 개발하는 게 현재로서는 불가능하다고 하는구나."

"에이, 그러면 만들도록 노력하면 되죠."

아이들의 웃음소리와 함께 수업이 끝났다.

쉬는 시간에 소라는 선생님에게 가서 자신의 고민에 대해 이야기했다. 선생님은 별것 아니라고 웃으면서 자신을 가지라고 했다.

"소라야, 말을 잘하려고 하지 마라. 말보다는 실천이 중요하다는 말도 있잖아."

"그래도 자신이 알고 있는 사실은 표현할 줄 알아야 하는데……."

"그런데 소라야, 지금은 선생님에게 말을 잘하잖니?"

"지금은 토론 시간이 아니잖아요. 누가 보는 것도 아니고……."

"그래 바로 그거야. 네가 알고 있고 말하고 싶은 것을 그대로 이야기하도록 해. 누가 본다고 신경 쓸 것 없단다. 네가 알고 있는 사실을 그냥 친구들에게 대화하듯이 이야기하면 될 거야. 아마 다음 주에 소라는 주인공이 될 거야."

소라는 알 듯 모를 듯 고개를 저으면서 돌아갔다.

종례 시간에 선생님이 내주신 어린이 철학 보고서를 본 소라는 너무나 좋아 그만 교실에서 "야호!" 하고 큰 소리로 고함을 질러 버렸다. 토론지에는 '인간과 자연을 모두 만족시키는 과학상상물을 구상하고 그 필요성과 용도를 설명하시오.'라고 적혀 있었다.

※

수업을 마치자마자 소라는 가방을 방에 던져 두고 학교 도서관으로 뛰어갔다. "소라야! 학원은 갔다 왔니?"라고 외치는 엄마의 목소리가 귓전에서 맴돌았지만 상관없었다. 사실 어린이 철학 시간에 너무나 하고 싶은 말이 많았는데 남학생들이 쳐다보고 있어서 말하기가 부끄러웠다. 그리고 약간 겁도 났다. '내가 이런 말을 하면 쟤들이 웃지 않을까?' 하는 생각이 먼저 들어서 말이 입안에서 어물거리고 나오지 않는 것이다. 그런데 오늘 드디어 기회가 왔다. 다음 주 철학 주제는 그림을 그리는 것이다. 아니 그리는 것이 아니라 구상하는 것이다. 역시 우리 선생님이라는 생각이 들었다. 한 번쯤은 기회가 오겠지 하고 기다렸는데 드디어 온 것이다. 이번 주제는 인간과 자연을 동시에 행복하게 해 주는 과학 기계를 구상하는 것이었다.

'인간과 자연을 동시에 행복하게 해 주는 과학 기계라고?'

막상 턱을 괴고 도서관 의자에 앉아 골똘히 생각해 보니 잘 떠오르지 않았다. 과학 잡지와 아동 도서를 뒤적이면서 아이디어를 찾아보려고 해도 마땅한 소재가 없었다. 몇 시간을 도서관에서 생각만 하다가 집으로 돌아와 버렸다. 학원 갈 시간이 다 되었기 때문이다. 밤늦게 고등학교에 다니는 언니가 학교에서 돌아왔다.

"언니, 고생했다."

소라의 인사에 언니는 고개만 끄떡이는 시늉을 했다. 피곤하고 지쳐 보였다. 언니는 이제 고등학교 2학년이었다. 내신이 중요한 때라서 공부하느라 정신이 없었다.

"언니야, 인간과 자연을 모두 행복하게 해 주는 과학 기계 같은 것 없을까?"

소라의 진지한 물음에 언니는 소라를 멍하니 바라보았다.

"행복? 참, 어이구, 그래, 니 때가 행복한 거다."

언니는 말을 하면서 소라의 볼을 잡아당겼다.

"아, 왜?"

"허무맹랑하게……, 그런 게 어딨노?"

"잘 생각해 봐라!"

"동생아, 그 시간에 수학 문제나 풀어라."

언니는 엄마와 똑같은 말을 했다. 자신도 엄마가 공부하라고 하면 막 짜증을 내면서 동생에게는 똑같은 것을 요구하고 있었다.

"치, 생각이 안 나니까."

"아, 그래. 있다. 인간과 자연을 동시에 행복하게 하는 것. 자동언어번역기!"

"자동언어번역기?"

"그래, 뭐 국제회의 때 비슷한 게 있다고 들어는 봤는데……. 가령 이 기계는 모든 언어를 자동으로 번역하고 말할 수 있는 거야. 그럼 영어나 외국어 같은 걸 공부할 필요가 없지. 학생 해방, 외국어 해방, 공부 해방, 해방 만세!"

언니는 두 팔을 번쩍 들고 만세를 불렀다.

"어이구, 꼭 생각하는 게 딱 그 수준이네."

"왜, 어때서? 외국어에 스트레스 안 받아 좋아. 영어에 투자하는 시간하고 돈 절약해서 좋아. 얼마나 행복한 거니?"

"그건 편리한 거지. 그리고 설사 인간이 행복하다고 해도, 자연에 좋은 점이 뭔데?"

"영어책 많이 안 만들어 종이 아껴서 좋아, 어학기 디스플레이어 많이 안 만들어서 자원 절약, 그리고 일요일마다 토익이나 토플이나 다른 외국어 검정 시험 치러 안 다니니 시간과 돈, 그래, 자동차 기름 아껴 좋아. 모든 게 좋네."

제7주제 인간과 자연을 행복하게 하는 과학 기계 구상하기

"……."

언니의 말을 듣다 보니 그렇기도 했다. 그러나 왠지 쉽게 수긍할 수가 없었다. 뭔가 이상했다. '뭐지?' 소라는 난처했다. '뭐지?' 곰곰이 생각해 보아도 알 수가 없어 언니만 쳐다보았다.

"이제 보니 너 선생님이 '어린이 철학'인지 뭔지 하는 이상한 숙제 내주었구나. 어이구, 편한 백성들. 그래, 사랑하는 동생아, 상상의 나래 많이 펴라. 딱 1년 후 중학생 되면 너도 영어 단어 한 개 더 아는 게 중요한 시기가 올 거야. 맞지 엄마?"

"그래, 소라야 지금 깊이 생각하고 궁금해해라. 나중에 중고등학교 가면 그때는 그런 생각을 할 시간도 없을 거야. 단, 엄마는 네가 자신감을 가지고 토론 시간에 참여했으면 좋겠다. 저번에 길에서 선생님을 만났는데 네가 토론 시간만 되면 '얼음 땡'이 된다더구나."

"얼음 땡? 하하하, 엄마 너무 재밌다. 어이구, 이 바보."

언니는 소라의 머리를 톡 건드리고는 자기 방으로 들어가 버렸다. 소라도 따라서 언니 방으로 들어갔다.

"그런데 언니야, 그런 만능 자동언어번역기를 만들면 인간의 두뇌는 더 나빠지지 않을까? 두뇌는 쓰면 쓸수록 더 똑똑해진다던데?"

"야야! 생각 많이 한다고 좋은 게 아니에요. 그건 스트레스야. 머리도 쉬고 싶다고. 그게 행복이야."

"그치만 너무 편한 걸 찾으면 확실히 머리는 나빠져. 그리고 어학 공부를 하면 다른 나라 말과 문화도 함께 배우잖아."

"영어 배울 시간에 차라리 자기 취미 생활 하는 게 낫겠다. 어차피 외국어는 자동번역기가 할 텐데. 안 그래?"

"그리고 아무리 생각해 봐도 자동언어번역기가 자연에 행복을 주는 게 아닌 것 같아."

"왜 아니야? 일단 그것만 있으면 외국어 공부할 책과 시간, 돈은 필요 없잖아."

"언니는 돈과 시간밖에 모르나."

"어이구, 어리석은 내 동생아! 조금만 있으면 시간과 돈이 네 인생의 주인이 될 거야."

언니는 소라를 방에서 밀어냈다. 소라는 자기 방으로 들어가 종이 위에다 '영화, 텔레비전, 컴퓨터, 사전, 책, 자동번역, 음악' 등의 글자를 쓰기 시작했다. 그날 밤 소라는 밤새 물과 태양 빛을 이용해 날아다니는 자동차를 타고 세계를 여행하는 꿈을 꾸었다.

※

일주일 후 어린이 철학 시간이 되자 아이들은 저마다 이상한 그림을 들어 보이고는 입이 찢어져라 웃기 시작했다. 선생님은 한 사람씩 나와서 구상도를 실물화상기에 올리고 자신의 작품을 설명해 보라고 했다. 두철이가 당당하게 걸어 나갔다.

"이 그림은 자전오토바이입니다. 자전거처럼 생겨 가볍지만 자동으로 갑니다."

"그런 거 이미 있는데……."

"제 이야기를 마저 들어주세요. 이 자전오토바이 앞의 큰 거울은 자동차 후사경이 아닙니다. 이건 태양에너지 흡수체입니다. 태양에너지를 받으면서 다니는 자전오토바이입니다."

"태양열 자동차 원리네. 원래 있던 아이디어잖아."

"그럼, 재옥이 너 한번 해 봐라."

두철이는 민찬이와 재옥이가 계속 딴죽을 걸자 기분이 나빴는지 재옥이를 쏘아보며 고함을 질렀다.

"왜 화를 내고 그러는데?"

"자, 두철이의 자전오토바이 어떠니? 저런 오토바이는 많이 있지. 그런데 태양열이 아닌 가솔린으로 가는 거야. 태양열을 이용한 자전오토바이는 아직 없지. 좋은 아이디어네. 다른 친구는? 수빈이?"

"저는 엄마를 도와주는 청소 로봇을 만들었는데……. 이 청소 로봇은 둥근 원반처럼 날아다니는 것입니다."

"로봇청소기에 웬 꼬리를 달았나 하고 생각했더니……. 이름이 뭐니?"

"이름은 '먼지 먹는 원반 로봇'입니다."

"먼지를 먹는다?"

아이들은 수빈이의 로봇에 있는 꼬리가 궁금했지만 선생님은 어떻게 먼지를 처리할 것인지가 더 궁금했다.

"예, 이 로봇은 집 안을 날아다니면서 공기 중에 떠다니는 먼지를 포착해 진공청소기로 빨아들입니다. 우리의 눈에는 보이지 않지만 무수히 많은 먼지가 날아다니고 있습니다. 공기 중의 먼지를 빨아들인다면 아마 엄마가 엄청 좋아할 것 같아요."

"야! 그거 진짜 좋은 아이디어다. 그러면 청소할 필요가 없어지겠네? 그런데 '포착'이 무슨 뜻이지요?"

수빈이를 좋아하는 두철이는 수빈이가 말한 '포착'이라는 뜻을 물었다. 수빈이는 얼굴이 붉어지면서 미소만 띨 뿐 말이 없다. 한슬이가 대신 답을 해 주었다.

"보다, 발견하다, 뭐 그런 뜻 아닌가요 선생님?"

"맞아. 눈으로 무엇인가를 잡다, 주시하다라는 뜻이지. 그런데 수빈아! 저 로봇은 한자리에 가만히 있는 거니?"

"아니요, 먼지를 센서로 감지해 먼지가 많이 발생하는 곳으로 이동하면서 흡수하는 거예요."

"얘들아! 어때?"

"아주 좋습니다. 청정 공기를 마시게 되겠네요."

"청정 공기? 왜 청정 공기죠?"

"아이 참, 너는 왜 맨날 딴죽을 거니?"

민찬이가 짜증 섞인 목소리로 두철이에게 핀잔을 주었다.

"모르니까 그렇지……."

"모르면 알아야지. 먼지를 빨아들이니까 공기가 깨끗해지잖아. 그러니까 청정 공기지."

"먼지만 제거하면 청정 공기가 되나? 공기가 깨끗해야지."

"일단 먼지가 없어지면 깨끗한 공기가 되잖아. 그러면 청정 공기 맞네. 안 그래?"

석훈이는 옆의 명곤이에게 인정하라는 듯 쏘아붙였다. 명곤이 역시 수긍하는 듯 고개를 연신 끄덕였다. 이 세 녀석들이 또 삼총사처럼 행동하면서 자신을 놀린다고 생각한 두철이는 답답했다. 물론 자기가 친구들에게 좋은 모습을 보여 주는 것은 아니지만 지금 친구들은 따져 보지도 않고 무조건 자기 의견을 무시하고 있었다. 두철이는 뭔가를 중얼거리며 선생님을 바라보았다.

"청정 공기는 상쾌해야 하는데……."

"음……. 전 두철이 의견에 찬성하는데요, 먼지가 없다고 전부 청정 공기는 아니라고 생각합니다."

수빈이가 갑자기 자신에게 불리한 진술을 했다. 두철이는 이게 어찌 된 일인지 의아해하며 수빈이를 바라보았다. 선생님은 수빈이의 생각이 궁금해졌다.

"어, 그러면 아이디어가 상당히 위협받겠군. 이유는?"

"청정 공기는 깨끗하고 상쾌하다는 느낌이 들어야 한다고 봅니다. 마치 저번 도덕 시간에 숲 속을 거닐 때처럼 말이죠."

'오, 예!'

두철이는 기분이 좋았다. 수빈이를 좋아하면서도 부끄러워 말도 못했는데 오늘 수빈이가 자기 편을 들어 준 것이다.

"저도 수빈이 의견에 찬성하는데요. 공기 중에 미세한 먼지 말고도 얼마나 많은 오염물질이 있겠어요. 마치 물이 투명한 것처럼 보이지만 그 안에 많은 중금속이 녹아 있는 경우처럼요."

"오! 역시 한슬이."

이제는 한슬이도 의견에 동참했다. 그때 지혜가 머리를 긁적거리며 민찬이에게 조용히 물었다.

"민찬아! 중금속이 뭐야?"

"니 스스로 찾아봐라. 사전이나 인터넷으로……."

"쳇, 잘난 척하기는. 그냥 됐다."

지혜는 그러다 은휘를 바라보면서 무슨 말을 하려다 말고 소라에게 다시 물었다. 소라가 과학 시간에 배운 것처럼 "비중이 무거운 금속원소로, 몸에 들어가면 치명적 독소가 된다."라고 설명하자 지혜는 고개를 끄덕이더니 노트에 적기 시작했다.

"그런데 이런 경우는 어떡하죠? 어제 뉴스에서 거제 지역의 대기오염이 전국의 최상위권이라고 하더라고요. 거대한 조선소에서 선박에 칠할 때 뿜어 나오는 화학물질 때문이라더군요. 하지만 저희 펜션에 민박하러 오시는 손님들은 저보고 아버지를 잘 만나 이렇게 공기 좋고 경치 좋은 데 살아서 부럽다고 하더군요."

영수가 말했다.

"너희들 생각은 어떻니? 거제도의 공기가 깨끗하다고 보니?"

"깨끗하지 않아요?"

"사실 어디를 가든 숲 속 공기는 깨끗하다고 느낄 수 있어. 아무래도 상대적이지 않나 싶구나. 워낙 도시 공기가 안 좋다 보니 도시를 조금만 벗어나도 공기가 맑다고 느껴지겠지. 그런데 그 맑은 공기 속에 사실 어떤 오염물질들이 섞여 있는지는 알 수 없단다. 영수가 말했지만 어제 선생님도 그 뉴스를 보고 깜짝 놀랐단다. 그런데 그럴 수 있다 싶었다. 거제에서 얼마나 큰 배를 많이 만들고 있니? 요즘은 막을 치고 특수 페인트로 칠해서 오염원을 많이 줄였다고 하지만 아무래도 대기오염 원인은 될 거야. 그런데 청정하다는 건 우리의 느낌일까, 아니면 실제 공기가 깨끗해서일까? 다른 친구들의 아이디어 한번 볼까?"

소라가 손을 들려고 하는 찰나 갑자기 누군가 힘차게 뛰어나오더니 자기 작품을 설명하기 시작했다.

"조금 부끄러운데, 이건 '자동 인간 세척기'입니다."

"아하하하! 똥장군이다."

텔레비전 화면에 비친 우석이의 그림을 보고 아이들은 입이 찢어져라 웃었다. 어찌 보면 반으로 잘린 수박 같고, 또 어찌 보면 옛날 농촌의 화장실에서 쓰던 똥장군 같기도 했다. 소라는 말없이 쳐다보았다.

"웃지 마세요. 이건 이제 우리들을 세수와 머리 감기에서 해방해 줄 기계입니다."

"똥 냄새는 어쩌고?"

"어휴 석훈이 저걸 그냥! 여러분, 아침에 얼마나 일어나기 힘드십니까? 또 얼마나 세수하고 머리 감기 싫으십니까? 목욕 안 한다고 매주 지적하는 엄마의 잔소리가 짜증나지 않으십니까? 학교에 지각할 것 같은데 씻는 시간이 아깝지 않으십니까?"

"야! 야! 웅변하러 나왔냐? 연설 그만하고 작품 설명이나 해라."

평소 은빈이를 좋아하는 우석이는 은빈이의 핀잔이 싫지만은 않았다. 모든 아이들 앞에서 자신의 창의적 천재성을 보여 줄 기회라고 생각했다.

"자, 보세요. 이게 비록 생긴 것이 똥장군같이 보이지만 여기 통안으로 머리를 집어넣고 빨간 버튼을 누르면 앞쪽 고무가 목을 약간 감싸면서 입구를 좁혀 줍니다. 그리고 다음 녹색 버튼을 누르면 사방에서 물살이 뿜어져 나옵니다. 자동으로 얼굴과 머리에 물 칠이 되는 거지요. 다음 흰색 버튼을 누르면 아래에서 엄마 손처럼 부드러운 솔과 스펀지가 나와 얼굴에 비누칠을 하면서 문지릅니다. 이 그림의 내부 구상도입니다."

아이들은 와하고 탄성을 질렀다. 우석이는 준비를 많이 해 온 모양이었다. 아이들의 관심이 자신에게 모아지자 더욱 신이 나 목소리를 높였다.

"그리고 검은색 버튼을 누르면 이곳에서 샴푸가 뿜어져 나오면서 여기 빨판같이 생긴 로봇손이 머리를 감겨 줍니다. 다시 녹색 버튼을 누르면 물이 뿜어져 나와 얼굴과 머리를 깨끗하게 헹구어 줍니다. 아, 물론 양쪽 손잡이를 잡으면 이 모든 게 자동으로 되죠."

"야! 좋다. 우석아, 짱이다."

"특허 내라! 특허."

아이들은 모두 우석이의 구상도가 창의적이라고 칭찬했다.

"음, 아주 좋은데……. 질문 없니?"

"그런데 숨을 어떻게 쉬어?"

"그래 조금 갑갑할 것 같은데……."

질문하라는 선생님의 말에 지혜와 석훈이가 동시에 질문을 했다.

☆자동인간세척기☆

"걱정 없습니다. 머리 넣고 얼굴과 머리 감는 데 걸리는 시간은 고작 1분입니다. 만약 4~5분이 걸린다면 획기적인 과학 기계가 될 수 없지요."

"그럼 1분이나 숨 쉬지 말고 참으라고?"

"1분도 못 참나? 지혜야, 니는 고마 마셔라."

"야! 맹고니, 너 이따 쉬는 시간에 보자."

아이들은 모두 감탄하는 눈빛으로 우석이를 바라보았다. 물론 그 중에 소라도 있었다.

"저, 선생님, 우석이의 구상도가 정말 좋은데요. 방금 생각난 건데

차라리 저 기계에 아예 수건과 드라이어까지 설치해 버리면 처음부터 끝까지 완벽한 얼굴, 머리 세척기가 될 것 같은데요?"

"아, 그것도 서비스로 가능합니다."

한슬이의 말이 끝남과 동시에 우석이가 연필로 자기 그림에 동그란 버튼을 그리고서는 이 버튼을 누르면 뜨거운 바람이 나와 얼굴과 머리카락을 말린다고 너스레를 떨었다. 아이들은 그런 우석이가 우습기도 하고 재미있기도 했다.

"야! 사기다, 사기."

"아닙니다. 업그레이드입니다, 업그레이드."

우석이가 생각한 구상은 선생님의 유난히 게을렀던 어릴 때 생각과 일치해서 선생님도 웃음이 나왔다.

아이들은 각자 자신이 구상해 온 아이디어와 작품을 두고 친구들에게 설명했다. 그리고 저마다 자신이 구상한 기계가 더 현실적이고 미래에는 반드시 만들어진다고 주장했다.

"여러분, 오늘 과학 기계 구상도에서 어떤 작품이 가장 현실적으로 가능하면서 인간을 위해 좋은 것 같니?"

"우석이요!"

그때 소라가 손을 살짝 들었다. 아이들은 모두 소라를 쳐다보았다. 갑자기 아이들이 쳐다보자 소라의 심장은 처음엔 작은 물방울이 떨어지는 소리처럼 뛰더니 나중에는 아파트 공사 현장의 땅 파는 기계음처럼 쿵쾅거렸다. 다리가 후들거리고 식은땀이 나기 시작했다.

"아이참, 소라야 지금 마치는 시간 다 되어 가는데."

"어, 소라. 발표 한번 들어 볼까?"

"이 작품은 무공해 자동차입니다······."

"그런 자동차는 많아!"

민찬이의 한마디에 소라의 심장은 더욱 쿵쾅거려 입이 벌어지지 않았다. 소라는 잠시 머뭇거렸다.

"소라야! 일어났으면 자기주장을 해야지. 끝까지 들어 보자. 자신 있게 해 봐."

"왜······, 무공해냐 하면, 이게 자석의 원리로 가는 자동차인데······. N극과 S극이 만나······."

입이 실룩거리고 입 주위와 눈 주위가 파르르 떨렸다.

"그거, 지금 기차가 다니잖아. 독일의 자기부상열차가 이 원리 아닌가요, 선생님?"

명곤이의 말에 소라의 입은 그만 '얼음 땡'이 되고 말았다.

"다 들어 봐야지. 왜 중간에 말 끊어 버리노?"

"이미 있으니까 그렇지. 새로운 것도 아닌데 시간 아깝게 왜 듣노? 어쨌든 창의적인 건 아니야."

석훈이의 볼멘소리에 이번에는 선영이가 한마디 했다.

"혹시 모르잖아. 또 다른 뭔가가 있는지······. 다 들어 보지도 않고 자꾸 사람 말 못하게 해! 남학생들 짜증나!"

"왜, 갑자기 남학생 타령이야. 쟤는 문제만 생기면 남녀 나누더라."
이번에는 수빈이와 민찬이가 말다툼을 했다.
"내가 언제?"
"지금!"
갑자기 아이들이 남녀로 나누어 실랑이를 벌였다. 선생님은 어찌 되나 보려고 팔짱만 끼고 구경했다. 그때 소라가 갑자기 눈물을 흘리더니 자리에 앉고 말았다.
"넌, 또 왜 우니?"
터프한 재옥이는 이 상황에서 눈물을 흘리는 소라가 안타깝고 짜증이 나 한마디 했다. 하지만 재옥이의 그 한마디가 소라를 더욱 눈물 나게 만들었다. 종이 치는 바람에 토론은 더 이상 진행되지 못했다. 아이들은 만장일치로 우석이의 '자동 인간 세척기'를 최고로 인정했다. 우석이는 선생님으로부터 노트 한 권과 칭찬 보너스 스티커를 받았다. 게다가 은빈이가 오늘 잘했다고 학교 앞 분식점에서 핫도그까지 사 주는 바람에 마치 온 세상이 다 자기 것만 같았다.
그날 저녁 우석이는 누나의 방을 깨끗하게 청소했다. 오늘 우석이가 그린 구상도는 누나의 그림 솜씨였다. 우석이는 자신의 아이디어를 바탕으로 누나와 토론하면서 밤늦도록 구상도를 그렸다. 아마 태어나서 가장 열심히 한 것 같았다. 이건 순전히 은빈이 때문이었다.
소라는 자석의 원리를 이용한 미래형 자동차를 그렸는데 선생님이 보기에는 아주 간결하고 독창적으로 보였다. 현실적으로 가능한

〈 소라가 그린 미래형 자석 자동차 〉

지 자석을 모형 자동차에 붙이고 실험도 해 보았다.

'자식, 재미난 걸 구상해 왔네. 내일 칭찬해 줘야겠다.'

어쨌든 소라는 토론 와중에 스스로 발표를 그만두고 말았다.

'스스로 헤쳐 나가야지……'

선생님은 소라를 떠올렸다.

〈 소라가 쓴 설명서 〉

제목 : 무공해 자석 자동차

이 자동차는 자석의 힘으로 달리는 무공해 자석 자동차입니다. 이 자동차는 자석의 원리로 움직입니다. 자동차에 부착된 N극과 S극이 서로 만나 밀어내고 당기는 원리입니다. 물론 이런 원리로 다니는 고속열차가 있습니다. 그러나 그런 고속열차는 철로를 놓아야 합니다. 이것은 환경을 파괴하는 원인이 됩니다. 이 자동차는 기존의 도로에서 달리면 됩니다. 왜냐하면 자동차 내부에 N극과 S극이 존재해 서로 밀고 당기기 때문입니다. 이것이 이 자동차의 첫 번째 장점입니다.

이 자동차의 두 번째 장점은 절대 사고가 나지 않는다는 것입니다. 자세히 보면 자동차의 앞과 뒤에 S극이 존재합니다. S극은 서로 밀어냅니다. 앞뒤에 자동차가 있어 갑자기 충돌할 위험이 있어도 서로 밀어내기 때문에 절대 사고가 나지 않습니다. 이것은 혁명적 아이디어입니다.

이 자동차의 단점이 있다면 주차할 때 벽에 부딪히거나, 아니면 벽 주위에 금속이 있을 경우 달라붙는 일이 생긴다는 겁니다. 하지만 자동차 배터리에서 전기를 보내 자석 성질을 없애면 됩니다.

이제 지구의 환경은 우리 스스로 지켜야 합니다. 자석 자동차가 먼저 지구 환경 지킴이가 될 수 있을 것 같습니다.

코페르니쿠스적 전환, 칸트

근대철학의 산물인 대륙 합리론과 영국 경험론을 결합한 칸트의 철학은 혁명적이었습니다. 칸트는 인식의 근거를 객관이 아닌 주관으로 돌렸는데 이것은 인식이 대상에 의존하는 것이 아니라 대상이 인식에 의존하는 코페르니쿠스적 전환이었습니다. 즉 세계를 보는 눈은 인간 정신이 어떻게 작용하느냐에 따라 달라진다는 것입니다.

칸트(1724~1804).

칸트는 태어나서 한 번도 고향인 쾨니히스베르크를 떠나 본 적이 없었습니다. 그는 매일 똑같은 시간에 똑같은 장소로 산책을 했으며 사람들은 매일 정확히 같은 시간에 산보하는 칸트를 보고 시계를 맞추곤 했습니다. 딱 두 번 산책을 하지 않았는데 한 번은 프랑스 혁명 소식을 듣고서, 또 한 번은 루소가 쓴 교육철학인 『에밀』을 읽을 때였습니다.

결혼도 하지 않고 평생 독신으로 살았지만 젊었을 때 결혼을 할 뻔했습니다. 평소에 알고 지내면서 흠모해 오던 미모의 여인이 있었습니다. 수줍음이 많은 칸트가 고백을 못하고 머뭇거리자 여인이 칸트에게 청혼을 했습니다. 청혼을 받은 칸트는 생각해 보겠다고 말하고 그 길로 도서관에 가서 결혼에 대한 책을 모두 찾았습니다. 결혼에 찬성하는 사람들의 의견과 반대하는 사람들의 의견들을 모아 과연 내가 결혼을 해야 할 것인지 말 것인지를 집중적으로 연구했습니다. 그리고 마침내 칸트는 결혼하는 것이 좋겠다고 결론을 내렸습니다. 그리고 여인의 집을 찾아가서 여인의 아버지를 만났습니다. 당신의 따님과 결혼하기로 결정했다고 말하자 여인의 아버지는 이렇게 말합니다. "여보게, 너무 늦었네. 내 딸은 벌써 결혼해서 두 아이의 어머니가 됐다네." 기다리다 지친 여인은 이미 결혼을 하고 아이를 둘이나 낳은 어머니가 되어 있었던 것입니다.

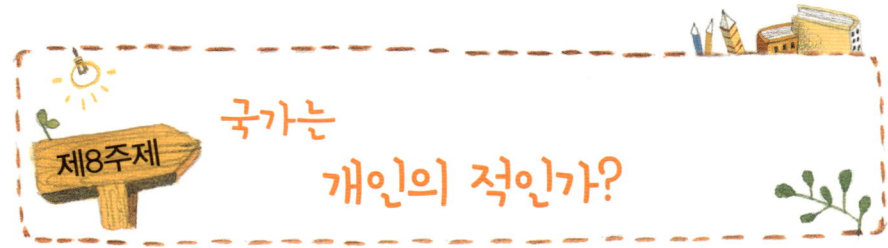

제8주제 국가는 개인의 적인가?

　5교시였다. 동네 전체가 뒤숭숭하더니 꽹과리와 북 그리고 대형 마이크를 단 차량이 다니면서 U2기지(거제원유비축기지) 3차 공사 반대 데모가 벌어졌다. U2는 석유 비축 기지를 말하는데 이곳 일운면의 서이말 등대 반대쪽에 건설되고 있었다. 서이말 등대는 거제도에서 가장 아름다운 등대 중 하나였다. 등대 쪽으로 가는 길은 외길로, 걸어서는 1시간 정도이고 차를 타고 가면 15분 만에 갈 수 있었다. 가는 길 도중 산 반대편으로 U2기지가 있었다. 아마 국가 에너지 저장 탱크가 있는 곳이라 그런지 여간해서는 방문도 어려웠다.

　이번 3차 건설 문제로 마을의 의견은 완전히 양분되었다. 학생들 사이에서도 자기들끼리 수군거리는 일이 잦아졌다. 명곤이 아버지는 이번에 기지 건설에 반대하는 해상 시위 도중에 다쳐서 병원에 입원하기도 했다.

"선생님 U2기지 건설을 어떻게 생각하세요?"

은휘였다. 사실 이런 질문이 나오지 않기를 학기 초부터 얼마나 빌었던가? 매우 조심스럽게 말해야 할 민감한 사항이었다.

"음……. 너희들은 어떻게 생각하니? 자! U2기지 3차 공사 찬성하는 사람?"

"치! 선생님은 자기 의견은 말하지도 않으면서……."

한 다섯 명 정도 손을 들었다. 두 명은 아버지가 그곳에서 근무하고 있고, 나머지 세 명은 아버지가 건설업을 하신다. 자기들의 의견이 아버지의 의견일 것이다.

"오! 다섯 명이네. 그러면 반대하는 사람?"

열대여섯 명 정도 손을 들었다.

"왜 반대하지?"

"우리 거제는요, 물론 조선소도 있지만 어업과 관광업도 많이 하잖아요. 석유 비축 기지가 들어서면 물론 일자리는 늘어나겠지만 아름다운 자연환경이 파괴됩니다. 요즘 환경보다 중요한 게 어디 있습니까? 또 어업에도 많은 손실이 옵니다."

"그래? 음……, 일리가 있는 말이다. 그러면 찬성하는 쪽에서 말해 보자."

"선생님께서도 저번 사회 시간에 말씀하셨지만 우리나라에 에너

지원이 뭐가 있습니까? 국가 장래를 위해 에너지를 비축해야지요. 그곳이 어디든 나라의 미래가 중요하다고 봅니다. 또 우리 거제에 지어지면 일자리도 많이 늘어나고 세금도 늘어나잖아요?"

"아니! 오히려 일자리가 더 줄어들 수도 있어요."

"아니, 왜?"

"조선소를 빼면 어업과 관광도 거제의 중요한 일자리이고 부모님들의 삶의 터전이라고 할머니께서 말씀하셨어요. 가만히 생각해 보면 U2기지 건설로 어업과 관광업에 차질이 생긴다면 결국 어업과 관광업에 종사하는 많은 사람들이 일자리를 잃을 수도 있잖습니까?"

"그 대신 새로운 일자리가 생기잖아?"

"그 일자리는 우리들의 일자리가 아니야!"

명곤이의 말에 선생님은 의아해하면서 넌지시 물었다.

"명곤아! 왜 U2기지 일자리가 우리들, 아니 여기 거제 지세포에 사는 사람들의 일자리가 아니라고 하니?"

"당연하잖아요. 저희 아버지께서 그러시는데 지금 U2에서 일하는 지역 사람들 대부분 경비 업무를 보고 있대요. 즉, 중요한 일은 서울에서 온 사람들이 다 하고 경비나 청소 같은 일만 지역 주민에게 준대요."

"그래도 일 없는 것보다 낫네."

"바보야! 그러다 일자리 뺏기면 이제 뭐 할 거니? 양식업도 관광업도 다 그만둔 상태인데……."

"왜 화를 내니?"

명곤이는 민찬이의 말에 화가 났는지 짜증을 냈다.

"명곤아! 그러면 석유개발공사에서 지역 사람들에게 좋은 일자리를 제공해 주면 어떻겠니?"

"그래, 그러면 어쩌지?"

선생님의 말에 민찬이가 비꼬듯이 명곤이에게 쏘아붙였다.

"그러면, 음……. 그런데 그런 자리를 주겠어요?"

명곤이는 한참 뜸을 들이다가 부정적으로 대답했다. 아이들의 말은 사실 모두 맞았다. 선생님은 이 문제에 대한 토론이 필요하다고 생각했다.

"선생님의 고향도 아름다운 진주 진양호 상류 지역이었는데 진양호 댐을 확장하면서 동네 전체가 이주해야 했단다. 땅 많은 사람들은 많은 보상을 받고 도시로 떠났지만 집도 땅도 턱없이 작은 사람들은 조그만 보상을 받고 이제 농사도 짓지 못하면서 날품으로 살아가야 했지. 몇몇 사람들은 수자원공사에 가서 시위도 하고 진정서도 냈지만 국가 정책이라 안 된다고 하더구나. 국가가 우리에게 엄청난 희생과 선택을 요구한 경우이지. 국가와 개인이라……. 토론거리가 되겠네. 그러면 이 문제에 대해 이번 토요일에 토론해 보자. 과제는 내일 나간다."

다음 날 아이들은 어린이 토론 자료를 건네받았다. 주제의 내용은 논란의 여지가 많았다.

 **생각 쑥! 의문 쑥!**

국가는 개인의 적인가?

지금으로부터 200년 전에 유럽에서는 오늘날 국가라고 할 수 있는 '민주주의국가'가 생겼습니다. 그전의 수천 년간 국가는 오직 왕과 황제나 몇몇 귀족에 의해 유지되었지요. 많은 사람들은 그 사람들에게 자신의 노동력과 세금을 바치기만 했습니다.

그러다가 사람들이 차츰 자신이 세계와 역사의 주인이 될 수 있음을 깨닫게 되었어요. 그리고 여러 가지를 요구하거나 심지어 혁명으로 바꾸려고 했습니다. 첫째, 국가의 권력을 나누어 가지자! 둘째, 우리 스스로 대표를 뽑자! 셋째, 누구나 국가의 정책에 참여하자! 넷째, 잘못된 국가 정책을 비판하자! 다섯째, 모든 사람은 법 앞에 평등하다!

이런 생각을 가지면서 사람들은 오늘날의 국가의 제도를 만들었습니다. 그래서 국가는 법으로 다스려지고, 국민의 선거에 의해 뽑힌 대표들이 그 법을 만들며, 국민들은 그 법을 지키고 자신 역시 종종 국가의 정책에 참여하거나 비판하기도 합니다. 그런데 이런 일들이 자주 발생하네요.

생각해 보기 1

영숙이의 아버지는 거제 구조라에 살면서 목축 농장을 하고 계십니다. 영숙이 아버지는 집에 소가 자꾸 많아지는데다 또 어느 정도 규모를 넓혀야 경쟁력이 있다고 판단해 농장을 더 넓히기로 결정했습니다.

그런데 문제가 생겼습니다. 자신의 땅을 더 개간하려고 하니 시청에서 그곳은 국립공원 지역이라 개발할 수 없다고 합니다. 영숙이의 아버지는 "내 땅에 내가 농사짓겠다는데 시청이 못하게 한다."라면서 화를 냅니다.

생각해 보기 2

철수의 아버지는 소설가입니다. 젊은이들의 사랑과 좌절, 급진적 사회 개혁 요구와 실천을 담은 소설을 발표해 인기를 얻었습니다.

그런데 어느 날 철수 아버지는 자신이 쓴 책이 우리 사회의 미풍양속을 해치고 사회와 국가를 모독했다는 이유로 경찰에 불려갔습니다. 앞으로 이런 책을 쓰지 않겠다고 약속하고 나서야 풀려났습니다. 철수의 아버지는 "예술에 자유가 없다."라고 분노하면서 다시는 책을 쓰지 않겠다고 선언했습니다.

생각해 보기 3

우리나라와 중국의 교역이 늘어나면서 우리나라는 중국에 휴대전화 등 가전제품을 팔고 중국은 우리나라에 값싼 농산물을 대량으로 팔 수 있는 무역협정을 맺었습니다. 그 결과 우리나라가 중국에 가전제품을 많이 수출해 많은 일자리와 기업이 생기고 나라의 경제가 더욱 튼튼해졌습니다. 자연히 국가에 더 많은 이익이 창출되었습니다. 그런데 많은 농민 단체와 농업인들은 중국산 저가 농산물 수입으로 한국 농업이 다 죽어 간다고 아우성입니다. 곧 전국적인 반대 시위를 하겠다고 합니다.

생각해 보기 4

무분별한 난개발로 우리나라의 자연환경이 많이 훼손되고 파괴되어 피해를 입는 경우도 생겼습니다. 지난 밤 준규네 동네는 폭우가 내려 마을이 물에 잠겼고 큰 인명과 재산 피해를 입었습니다. 조사 결과 무리하게 산을 깎고 아파트와 도로를 건설하면서 재해가 발생했다고 합니다. 거제시에서는 이러한 사태를 막기 위해 앞으로 난개발 공사는 철저하게 법으로 막을 예정입니다.

아니 이게 말이 되느냐 말이다. '국가'가 '개인의 적'이라니? 왜 국가가 개인의 적이어야 한단 말인가? 보고서를 받아든 영수는 어리

둥절했다. 영수는 보고서를 받아보고서는 처음부터 끝까지 쭉 읽어 보았다. 몇몇 내용은 이해가 가지만 그렇다고 국민을 보호해 주는 국가를 감히 '적'으로 생각한다는 것은 선뜻 이해되지 않았다.

그날 저녁 영수는 밥을 먹으면서도 오늘 받은 보고서 내용 때문에 머리가 복잡해졌다. 숟가락이 허공을 떠다니다 잠시 멈추기를 반복했다.

'아니지……. 모든 것은 의심할 가치가 있는 거야. 국가가 하는 일이 모두 옳은 일은 아니잖아? 그렇지만 아무리 그래도 적이 될 수는 없지. 결국에는 국가를 따라가야지……. 비판은 하더라도…….'

사실 영수는 이번만은 친구들, 아니 한슬이의 코를 납작하게 해주어야겠다고 생각했다. 저번에도 자기의 주장이 옳았는데 말을 논리적으로 하지 못한 게 아쉬웠기 때문이다. 일단은 집에 가서 관련 서적을 뒤지고, 다음에 인터넷에 들어가 여러 자료들을 살펴볼 예정이었다. 물론 아버지와 토론도 벌일 예정이었다.

저녁에 가족이 모인 자리에서 영수는 어린이 철학 보고서를 펼치면서 U2기지가 주민들의 의사에 반하는 정책 아니냐는 주장을 펼쳤다. 영수 아버지와 어머니는 그런 영수를 쳐다보고는 영수의 보고서 용지를 받아 읽어 보았다.

"음, 이번 주제는 어렵기도 하지만 너희들이 말할 내용은 아닌 것 같은데……."

영수는 아버지의 걱정은 아랑곳하지 않고 개인의 일에 국가가 나서면 안 된다고 열변을 토했다.

"그럼, 개인 주장만 고집하다가 에너지도 없는 우리나라가 굉장한 어려움에 처하면 어떨까? 그래도 개인이 행복하겠니?"

"……."

"국가가 있고 나서 개인이 있는 것 아닐까?"

영수는 어머니의 말에 한마디 대꾸도 할 수 없었다.

"그렇지만 아까 인터넷에 찾아보니까 서양에서는 먼저 '개인의 행복이 우선하는 원칙'에서 국가가 출발했더라고요. 즉, 개인이 없는 국가란 있을 수 없다는 거지요."

"하지만 할아버지나 할머니, 또는 엄마 아빠처럼 일제강점기나 한국전쟁 등 어려운 시기를 겪은 사람들은 개인의 행복보다는 먼저 국가의 안전과 안위가 먼저 걱정되는구나. 그때는 너무 배가 고팠단다. 나라에서 쌀이나 먹을 것을 주지 않으면 산에 가서 나무뿌리나 껍질을 구해 와서 먹는 경우도 있었지."

"참! 사람도. 아이들이 그걸 어찌 아노?"

영수 어머니의 옛날이야기에 아버지가 혀를 차며 토를 달았다.

"그치만 엄마! 우리 집도 지금 여기 지세포에서 펜션을 하잖아요. 만약 펜션을 좀 더 넓히려고 하는데 국립공원 지역이라고 나라에서 못하게 하면 어쩌죠?"

"뭘, 어째, 시청에 가서 알아보고 되게 해야지."

"아니 법으로 못하게 하면 어쩌란 말이에요?"

"그러면 못하는 거지 뭐."

"에이, 그러니까 자기 땅인데 아무것도 못 짓게 법이 만들어져 있으니까 자기에게는 손해잖아요."

"매일 이익만 보고 살 수 없잖니? 때론 국가가 필요하다면 법에 따라 살고, 개인이 손해 볼 때도 있어야지."

"그게 지나치거나 너무 잦으면 어쩌죠? 아니면 물리력으로 법을 집행하는 경우 말이에요."

"그러면 안 되지, 말로 해야지."

"그것 보세요."

사실 영수 아버지도 U2기지 3차 공사가 큰일이었다. 공사가 결정되면 아무래도 지세포는 많은 제약이 따를 것이다. 와현 해수욕장에도 지장이 있을 것 같고, 특히 양식장이나 고기잡이를 하고 있는 동네 사람들이 힘들 것 같았다. 얼마 전 가깝게 알고 지내는 옆 동네 혜련이 아버지가 집에 놀러 온 적이 있었는데 동네 사람들이 같이 놀다가 혜련이 아버지를 보자마자 못 본 척한 일이 있었다. 혜련이 아버지가 U2기지에서 경비를 서고 있었기 때문이다.

그날 저녁 늦게 학교 사택에서 저녁을 먹고 쉬고 있던 선생님의 휴대폰으로 전화가 걸려 왔다. 영수 아버지였다.

"어이구, 영수 아버님, 밤늦게 어쩐 일입니까?"

"선생님, 식사는 했습니까?"

"예."

"그럼, 여기 해수욕장 포장마차에서 소주나 한잔하입시더. 날씨도 시원하니 좋네."

와현 해수욕장 포장마차에서 영수 아버지와 선생님은 이런저런 이야기를 나누었다.

"그런데, 오늘 영수 요놈이 글쎄 어린이 철학보고서를 가지고 자기 엄마와 토론을 하는데, 어찌 영수가 토론하기에는 내용이 조금 어렵지 않나 하는 생각도 들더라고요. 아이들이 벌써 그런 내용을 다루는 것이 괜찮은지 어떤지."

"하하하, 영수 아버님도 참. 그게 걱정이 돼서 저를 불러냈군요. 걱정할 것 없습니다. 요즘 4학년만 되어도 사회 교과서에 이런저런 이유로 공적 영역과 사적 영역이 부딪히는 내용들이 많이 나와 있습니다. 하물며 6학년은 내용이 더 깊지요. 서로 첨예하게 부딪히는 문제를 어떻게 해결해 가는지 직접 그 입장이 되어 토론해 보는 것도 좋습니다. 저는 아이들이 절대적인 것, 무조건 금기시하는 것에 대해 한번쯤 도전해 보라는 취지에서 이번 숙제를 내주었어요. 아이들도 잘할 겁니다."

"선생님이 잘 알아서 하겠지만 요즘 이 마을도 U2기지 건설 때문에 반쪽으로 나눠져서 여간 조심스럽지 않아요······."

그날 저녁 선생님과 영수 아버지는 밤늦도록 이야기를 나눴다.

※

다음 날 어린이 철학 시간이 되자 아이들은 조별 토론으로 자리를 배치해 일찍부터 자기들끼리 논쟁에 들어갔다.

"철수 아버지는 자신이 생각한 대로 책을 썼을 뿐인데 법으로 막은 것은 말이 안 돼."

"잘못된 생각을 글로 옮겼기 때문이지."

"철수 아버지가 남에게 피해를 준 건 아니잖아?"

"남에게 피해를 준 건 아니지만 국가에 피해를 준 거지."

"어째서?"

"국가에도 법이 있는데 법을 안 지켰으니까요. 또 국가에는 다른 사람들도 많지 않습니까? 철수 아버지와 반대되는 생각을 가진 사람도 있고 말입니다."

"저는 민찬이 의견에 반대합니다. 저번에 선생님께서 내준 「어린이가 보는 헌법 전문」에 보면 '모든 국민은 언론과 사상의 자유가 있다.'라고 했잖아요. 생각한 것뿐인데 어째서 그게 법을 어긴 것인가요?"

선영이와 민찬이의 열띤 토론을 보고 있던 우석이가 민찬이의 의견에 반대하면서 말했다.

"생각만 한 게 아닙니다. 생각을 글로 옮겼어요."

"글로 옮겼지만 그게 나쁜 것은 아니지요. 행동으로 옮긴 게 아니니……."

"행동으로 옮긴 것과 같습니다. 글로 국가나 사회를 모독했어요. 그 책을 그 국가나 사회에서 살고 있는 구성원들이 읽으면 어찌 되겠어요. 그들도 그렇게 생각할 게 아니에요. 그러면 불평불만자들이 점점 많아져서 나라가 힘들어집니다."

"그러니까 똑바로 정치를 하면 되겠네?"

우석이와 민찬이의 설전을 보고 있던 두철이가 한마디 툭 던졌다.

조별 토론이 끝나자 전체 토론 시간으로 들어갔다. 그 와중에 아이들 세 명 정도가 입장을 바꾸었다.

"저는 땅을 더 넓혀 목축업을 하려는 영숙이 아버지를 이해합니다. 그러나 법으로 묶여 있다면 대를 위해 소를 희생하듯 자신이 법을 따라야 한다고 봅니다."

"그것도 정도가 있지요. 영숙이 집이 어려워 만약 그 길밖에 없다면 어쩔 거예요. 또 희생해야 하나요?"

한슬이의 말이 귀에 거슬렸는지 선영이가 한마디 했다.

"그래서 보상을 해 주잖아요?"

"영숙이네는 보상 없어요. 구조라에 있는 저희 큰아버지도 집을 새로 짓지 못한데요. 법에 묶여서……."

"아, 그렇구나! 잘못 알았네."

"두철아! 너는 알고 말해라. 저도 선영이 말에 동의하는데 보상이 되더라도 그 보상이라는 게 알다시피 너무 작아요. 다은이 할머니 할아버지는 농사를 못 짓게 되는데 앞으로 무얼 먹고 살아요? 계속 돈을 주는 것도 아닌데……."

아이들의 토론이 개인의 권리 침해를 해서는 안 된다는 쪽으로 기울자 선생님은 국가 우선 쪽으로 질문을 던졌다.

"그럼 국가의 중대한 목적과 이유 때문에 개인의 재산권이나 권리를 침해할 수 없다면 앞으로 국가적 사업과 환경보호는 어떻게 해야 할까?"

"그렇습니다. U2기지 건설 보세요. 어차피 우리 국민 모두를 위한 일이잖아요. 반드시 필요한 것이고요."

"그게 왜 하필 우리 동네입니까? 다른 동네도 많은데……."

"그러면 한슬이는 우리 동네만 아니면 된다는 것입니까?"

"그렇죠, 이번 U2기지 문제는 사실 많은 동네 주민들이 반대하잖아요. 그러면 다른 동네에 알아봐야지요. 또 모르잖아요. 그 동네에서는 보상을 받고 허락해 줄지……."

"아니 그건 말도 안 됩니다. 우리 동네면 안 되고 다른 지역은 된다는 것은 엄청난 이기주의입니다. 님비(NIMBY)현상입니다. 우리 동네가 안 되면 다른 동네도 안 되어야지요. 안 그렇습니까, 여러분?"

영수는 동의를 구하려는 듯 아이들을 이리저리 쳐다보았다.

"야! 은휘야, 님비현상이 뭐니?"

"니가 모르면 나도 몰라. 조용히 들어 보자. 그냥 아는 척하고 앉아 있어."

지혜의 귓속말에 은휘는 귀찮은 듯 대꾸했다.

"영수 말에 논리적으로 오류가 있습니다. 아니, 그러면 우리 동네 안 된다고 전부 안 된다고 하면, 아예 안 되는 거잖아요? 모든 혐오시설은 사실 인간을 위해 꼭 필요한 것인데, 혐오스러워 안 된다면 대한민국 어디에 지어야 하나요?"

"야! 야, 한슬아 흥분하지 마라! 일단, 진정해라."

좀처럼 흥분하지 않는 한슬이가 흥분하자 석훈이는 한슬이의 어깨를 연필로 툭툭 치며 놀렸다. 영수가 다시 반박을 했다.

"그러면 박한슬 학우는 주민들이 희생하더라도 U2기지를 지어야 한다는 겁니까, 아니면 짓지 말자는 겁니까?"

"저는 짓지 말아야 한다고 봅니다."

"아니, 방금 그랬잖아."

"짓지 말자고 해 놓고 왜 혐오시설은 꼭 지어야 한다고 주장하니? 모순 아냐?"

아이들은 완벽주의자 한슬이가 모순을 범했다고 "우우!" 하고 놀렸다. 영수는 말을 이었다.

"지금 한슬이 주장은 일관성이 없어요. 기지를 건설하면 건설하는 것이고 건설하지 않으면 건설하지 않는 거예요. 둘 중 하나만 선택해야지요."

"제 주장은 모순이 아닙니다. 저는 이렇게 경치가 아름답고 깨끗한 우리 동네에 석유 비축 기지가 들어선다는 것은 좋지 않다고 봅니다. 그러나 한편으로 석유 비축 기지는 필요하다고 봅니다. 지역 개발과 함께 적절한 보상을 지급한다고 홍보하면 대한민국의 낙후된 지역에서는 서로 자기 동네에 유치하려고 할 겁니다. 그러면 그 동네에 설치하면 됩니다. 단지 저는 위험하고 더럽다고 해서 우리 동네는 하지 말자는 게 아닙니다. 그리고 영수의 양자택일은 굉장히 위험한 흑백논리입니다."

"오호! 한슬이……."

여학생들의 감탄사에 한슬이는 얼굴을 붉히며 앉았다. 영수는 뭔가 반박을 하고 싶은데 아이들이 환호하는 바람에 그냥 쳐다만 보았다. 논의가 다시 원점으로 돌아왔다. 토론이 마치 원을 그리듯 돌았다.

영수가 다시 포문을 열었다.

"제 생각에 다른 동네에서 유치하고 싶다면 그곳으로 가면 되고 국가가 필요해서 꼭 이 동네에 유치해야 한다면 그 피해를 최소화할 수 있는 방안을 마련해야 한다고 봅니다."

"피해를 최소화한다는 것은 설치하자는 거잖아요?"

"어차피 설치해야 한다면 그게 좋은 방법이라는 거지요."

"왜, '어차피'지요? 설치 못하게 주민들이 적극적으로 나설 수도 있는데 말이에요. 원자력 폐기물 건설도 주민들이 적극적으로 반대해서 설치 못하게 했잖아요."

'질 수 없다. 여기서 지면 완전히 한슬이에게 밀린다.' 영수의 머릿속은 광케이블 속 정보망처럼 빠르게 돌아갔다.

"그렇다고 국가 기간 시설을 그냥 두자고요? 하루에 우리나라 국민이 얼마나 많은 에너지를 사용하는지 아십니까? 국가에서는 일주일, 한 달, 1년, 3년, 10년 단위로 에너지 사용 계획과 저장 계획을 가지고 정책을 편단 말입니다."

순간 선생님은 당황했다. '저 녀석 어디서 저런 내용을 들었지?' 명곤이도 신기해서 물었다.

"영수야! 야, 니 그거 어디서 들었노?"

"아버지가 얼마 전에 텔레비전에서 어떤 박사가 나와 하는 말을 들었대……."

또다시 이야기가 빙빙 돌았다. 선생님은 원활한 토론을 위해 U2 기지 건설이 아니라 보고서의 내용으로 토론하자고 했다.

"다은이네는 마늘 농사로 생활합니다. 그런데 마늘 농사를 짓지 못하면 당장 큰일이 납니다. 먼저 국가에서 중국과의 무역을 통해 많은 이익을 보는 만큼 그 대가로 마늘 농가에 충분한 보상을 해 주어야 합니다."

"이재길! 그 돈은 다 어떻게 마련하지요?"

"국민 세금이지 뭐."

민찬이 말에 영수가 퉁명스럽게 대답했다.

"또? 세금 많이 내야겠네?"

"니가 왜 걱정하노? 세금은 너희 부모님이 내는데……. 여하튼 또 개인이 손해 보는구나."

두철이의 세금 걱정에 한슬이가 한마디 하자 아이들은 와하하하 웃었다. 이번 토론 시간은 결국 해결을 보지 못하고 끝나고 말았다. 아니 어쩌면 해결할 수 없는 힘겨루기 같은 것인지도 몰랐다.

"여러분! 어쩌면 여러분은 엄청나게 큰 괴물하고 싸웠는지도 모르겠다. 처음에는 애완용 강아지였는데 점점 자라 큰 개가 되더니, 어느 날 엄청난 힘을 행사하는 괴물 말이지. 게다가 이제는 그 괴물로부터 지배도 받고 보호도 받는 것이지. 이제 괴물의 주인은 여러분이 아니다. 그 괴물은 자기 스스로 움직이며 행동하지. 국가가 개인의 자유를 제한하는 것은 정도의 차이는 있으나 전체주의나 고대 왕정뿐 아니라 현대 민주국가에서도 마찬가지지. 공공질서와 체제 유지라는 이름 아래 말이야. 그러나 개인의 자유를 제한한다는 이유만으로 국가를 개인의 적으로 단정할 수는 없다. 일정한 법과 규칙이 없다면 '만인에 대한 만인의 투쟁'이 일어나서 아주 위험하고 불안정한 사회가 되겠지. 지금 교차로에 신호등이 없다고 생각해 봐. 아마 온 도로는 지옥이 되겠지. 모든 사회조직에는 규율이 필요하며, 현대 민주사회에서 대부분의 규제는 전체 구성원의 원활한 인권 신장을 위한 수단으로 기능하지. 그러면 국가는 개인의 적이 아니게 돼. 그러나 몇몇 소수가 권력을 독점하거나 자유의 제한이 소수의 특정인이나 집단에 한정될 때 국가는 위험한 괴물이 될 가능성이 높아지지. 정의롭고 올바른 국가 건설은 그 구성원인 국민의 참여와 의사소통이 얼마나 자유롭고 적극적인지에 달려 있는 거란다."

그날 오후 제출한 보고서에 영수는 이런 말을 남겼다.

'단순한 사람이 세상을 편하게 사는 것이 아니라 따지는 사람이 세상을 편하게 한다.'

유쾌하고 재미있는 괴짜 철학자들

헤겔을 싫어한 염세주의자, 쇼펜하우어

쇼펜하우어는 '세계는 단지 우리의 표상일 뿐이고 세계의 근원은 우리의 의지'라고 봅니다. 따라서 모든 현상은 모든 의지의 객관화라고 단정하고, 괴로움의 원인은 끝없이 요구하는 의욕(욕심) 그 자체이기 때문에, 이 괴로움에서 벗어나려면 의욕의 근원을 단절시켜야 한다고 주장했습니다. 이를 철학에서는 염세주의 또는 염세철학이라 합니다.

쇼펜하우어(1788~1860).

쇼펜하우어가 싫어하는 사람이 있었는데 그는 당대 최고의 철학자 헤겔이었습니다. 헤겔은 역사를 변화와 투쟁으로, 자기 자신을 완성시켜 가는 절대 정신의 실현 과정으로 보았습니다.

쇼펜하우어는 이러한 헤겔의 사상이 너무나 싫어 베를린 대학에서 같은 시간대에 강의를 배치했습니다. 그러나 헤겔에게는 구름처럼 많은 학생이 모이고 자신의 강의에는 아무도 없었습니다. 무려 세 번이나 강좌를 같은 시간대에 배치했으나 언제나 승자는 헤겔이었습니다. 그래서 대학을 그만두고 시골에서 혼자 공부했는데 그때 개를 한 마리 키우면서 짜증이 나거나 마음에 안 들면 가끔 개를 발로 차곤 했습니다. 그 개 이름은 바로 헤겔이었습니다.

그에게는 기인에게 어울릴 법한 재미있는 이야기가 많이 있습니다. 금화가 있으면 잃어버릴까 봐 잉크병 속에 감춰 두었고, 지폐는 침대 밑에 감춰 두었으며, 편지를 받을 때에는 혹시 그 속에 불행을 알리는 사연이 있나 싶어 뜯기를 주저한 적이 한두 번이 아니었습니다. 한번은 이발을 하러 갔는데 면도하는 이발사가 의심쩍어 그대로 돌아와 수염을 깎지 않고 불에 태워 버렸다고도 합니다.

베를린에 콜레라 전염병이 퍼지자 그는 재빨리 프랑크푸르트로 이사합니다. 그런데 베를린에 남아 있던 헤겔은 그만 콜레라로 사망합니다. 헤겔이 죽은 후부터 쇼펜하우어의 인기도 차츰 올라가고 마침내 독일 철학계에서 인정받기 시작합니다.

제9주제 정의를 위한 폭력은 정당한가?

  U2기지 건설 문제 때문에 계속해서 주민 반대 시위가 벌어지는 가운데 학교 운동장을 빌려 체육활동을 하던 군부대에서 서이말 등대 근처를 학교 측에 개방한다는 연락이 왔다. 그래서 오늘 학교 전 직원들이 서이말 등대로 현장학습 겸 낚시대회를 떠나기로 결정했다.

  아침부터 모든 교직원들이 들떠 있었다. 이번 방문은 어쩌면 굉장한 특혜였다. 5교시 특별활동을 파하고 모든 직원들은 사진기와 낚시 도구 및 간단한 요리 도구를 들고 차 일곱 대에 나누어 타고 서이말 등대를 향해 출발했다.

  서이말 등대 가는 길은 지세포 마을에서 와현 해수욕장으로 넘어가는 산언덕 왼쪽으로 단 하나 있는 외길이었다. 길 폭이 좁아서 차 한 대가 겨우 지나갈 정도였다. 만약 반대편에서 차가 오면 몇백 미터를 후진하거나 전진해서 국지도로가 있는 곳에서나 비켜 갈 수 있었다.

숲이 우거진 좁은 산등성이 길을 가면서 얼핏얼핏 보이는 거제도 해금강의 모습은 가히 뭐라고 형용할 수 없을 만큼 기막혔다. 왼쪽은 완만한 숲이고 오른쪽은 그야말로 깎아지른 절벽이었다. 그 사이를 차로 20여 분을 달리자 전망이 확 트인 곳이 나왔다. 서이말 등대가 외롭게, 그러나 아주 당당히 서 있었다. 서이말 등대 바로 앞 절벽에는 절묘하게 만들어진 군부대가 있었다. 장병들이 족구를 하다 말고 우리 일행들을 빤히 쳐다보았다. 그 뒤로는 거대한 기관포가 절벽 맨 끝에서 바다 쪽을 보고 포신을 하늘로 향한 채 당당히 서 있었다. 날씨도 따뜻해서 그런지 다른 세계에 온 것 같은 기분이 들었다.

서이말 등대는 가파른 절벽에 있었다. 우리는 차를 세우고 5분 정도 걸어 목적지에 당도했다. 서이말 등대는 아주 중요한 등대이다. 장승포에서 남부면까지는 바다가 외항이라 파도도 많고 섬도 많아 밤에는 반드시 서이말 등대의 불빛을 보고 항해를 해야 했다. 그러니까 육지에 붙은 최남단 등대라고 볼 수 있겠다.

서이말 등대에서 보는 거제 일운면의 바다 경치는 태평양을 보는 듯했다. 아니 실제로 태평양 바다이다. 저 멀리 보이는 작은 섬 너머로 아주 조그만 배가 아주 가쁘게 떴다 가라앉았다를 반복했다. 일

행은 등대에서 단체 사진을 찍고 절벽을 타고 바다 쪽으로 내려갔다. 서이말 등대에서 바다 쪽에 있는 가파른 절벽에는 군인들이 나무로 계단을 만들어 놓았다. 나름대로 운치도 있고 힘들지 않게 내려갈 수 있었다. 오랜 세월 부딪쳐 왔을 파도는 절벽을 멋진 예술작품으로 만들어 놓았다.

선생님들은 아래쪽 넓은 자리를 차지하고 낚싯대를 드리웠다. 한 1분여 지났을까? 최 주사님이 작은 우럭 새끼 한 마리를 낚아 올렸다. 모두들 환호하면서 대어를 꿈꾸며 낚시를 계속했다. 잠시 후 여기저기서 농어와 우럭을 잡아 올렸다. 5분여 간격으로 낚아 올리고 있는데 전부 어쩔 줄 몰라 했다. 한껏 강태공 복장으로 차려입은 박 주사의 말에 의하면 이곳은 낚시꾼들이 가장 좋아하는 장소인데 민간인 출입 통제 지역이라 지역 주민들도 올 수 없다고 한다. 한마디로 물 반 고기 반인 황금어장이었다. 선생님도 30여 분 만에 다섯 마리 정도를 낚아 올렸다. 최 주사님은 낚싯대 없이 줄낚을 바위 틈 사이로 드리워 연신 낚고 있었다. 그런데 오늘 최고의 낚시 패션을 보여 준 김 주사는 한 마리도 낚지 못했다. "뭐 하고 있어요?"라며 젊은 여선생님이 핀잔을 주자 '감씨'만이 진짜 고기라면서 다른 것은 낚지 않는다고 했다. 감씨란 감생이의 준말로 감성돔을 말하는 것이다.

바위를 때리는 파도 소리와 갈매기 소리를 들으며 낚시를 하는 사이사이 잡은 생선으로 회를 떠서 된장에 푹 찍어 입에 넣었다. 입 안에서 꼬들꼬들한 살이 혀를 감으며 목구멍으로 쏙쏙 들어갔다.

1시간여 동안 낚시를 해서 열 명의 교직원이 낚은 고기는 대략 40~50마리는 되어 보였다. 남은 고기는 어통에 담아서 학교에 가져가기로 했다.

그런데 바위틈에 놓인 어통을 확인하던 최 주사가 비명을 지르더니 무엇인가를 바윗돌에 내동댕이쳤다. 커다란 불가사리가 그 속에서 감씨 한 마리를 물고서는 딱 달라붙어 있는 것이 아닌가? 어떻게 그 속에 들어갔는지 모르겠지만 상당히 큰 불가사리였다. 불가사리는 '바다의 폭군'으로도 불리는데, 바다 어족의 씨를 말리기 때문이다. 몸의 일부가 잘려도 스스로 재생해 내고, 물에서 건져 올려도 며칠은 살아 있는 강한 생명력에 의미를 두어 불가사리라 한다.

"참! 그놈들도 다 자연의 결과물이고 자신의 생존을 위해 한 짓인데 이렇게 천덕꾸러기네요."

"아, 요것들이 바다의 씨를 말려 버려요. 바닷물이 따뜻해지니 온 천지가 불가사리 어장이에요, 어장."

선생님의 말에 최 주사가 침을 뱉으며 다시 한 번 주위에 있는 불가사리를 햇볕이 쨍쨍 내리쬐는 바위 위에 내동댕이쳤다.

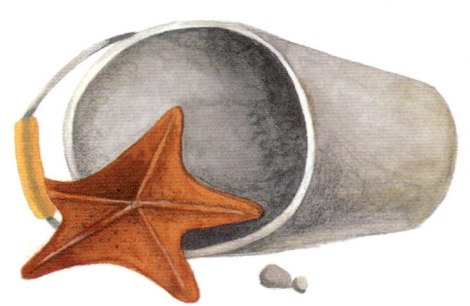

"어디 바다뿐이에요? 민물에서도 베스라는 외래종 때문에 어족의 씨가 마른다잖아요."

"그놈은 치어를 그냥 삼켜 버린다고

하던데……."

"그놈이 골칫거리래요. 아 글쎄, 낚시하는 맛은 난다는데 그 고기를 사람들이 먹질 않아요."

박 주사와 하 선생의 이야기는 이제 민물고기로까지 전개되었다.

"아, 그런데, 김 선생요?"

"왜요?"

"아따, 정부도 할 일 없지. 아, 글쎄 베스를 잡았다 살려 주는 낚시꾼에게 벌금을 매긴다고 하더구먼. 나 참 우스워서……."

"먹기 싫은 사람들은 살려 주는 게 낚시꾼들의 미덕인데 베스는 먹기 싫으면 죽이든지, 아니면 버리라는 거지."

"아, 그래도 몇몇 낚시꾼들은 차라리 벌금을 받을지언정 일부러 죽일 수 없다더만……."

"틀린 말은 아니지. 그것도 생명인데. 낚시꾼들이 어디 고기 잡아 먹으려고 잡나? 취미활동이지? 괜히 생명을 죽이거나 하지 않아. 대부분 살려 줘요."

"그래요? 그럼 저 불가사리도 살려 주죠. 뭐"

선생님이 웃으면서 두 사람의 대화에 끼어들었다.

"아! 그런데 김 선생님! 저것들은 안 돼. 너무 바다를 황폐화시킨단 말이야."

"아니, 먹지도 않을 거라고 방금 그랬잖아요. 괜한 생명을 죽여서는 안 된다고……. 저것들도 다 사는 이유가 있을 텐데……."

"흐흐흐, 그래도 안 되네. 저것들은 바다의 다른 생명체를 위해서도 안 되네. 말려 죽여야지……. 크크크."

최 주사와 박 주사는 불가사리만은 절대로 용서할 수 없다고 했다. 생명에 대한 존중이 때와 장소, 대상에 따라 달라지는 것은 생각해 볼 문제였다.

※

다음 날 선생님은 사회 시간 중에 아이들에게 질문을 던졌다.

"어제 선생님이 서이말 등대 밑에서 낚시를 했는데 불가사리가 잡혀 올라왔어. 그걸 햇볕이 쨍쨍 내리쬐는 뜨거운 바위 위에 내동댕이쳤더니 말라 죽어 버렸어. 선생님의 행동은 잘한 것일까?"

"아주 잘했습니다. 아 진짜 불가사리는 짜증나요. 낚시할 때 올라오면 찢고 싶어."

두철이었다. 두철이는 불가사리가 정말 짜증나는지 손으로 책을 찢는 시늉을 했다.

"불가사리는 너에게 아무 피해를 주지 않았는데……."

"그래도 그놈은 죽여야 합니다. 아무 도움이 안 돼요."

"맞아요. 우리 어장에도 불가사리가 혹시 그물에 붙을까 봐 얼마나 부모님이 걱정하시는데요. 해파리랑 불가사리는 바다 생물의 적이에요, 적. 뜨거운 방파제에 놓고 햇빛에 말려 죽여야 돼."

두철이의 말에 은휘도 맞장구를 치며 얼굴에 핏대를 세우고 고함을 질렀다. 확실히 아이들에게조차 불가사리와 해파리는 공존할 수 없는 생물이었다. 바다가 삶의 터전인 사람들에게 불가사리와 해파리는 당연히 사라져야 할 것들이었다.

사회 수업을 마친 후 선생님은 아이들에게 보고서를 나누어 주었다.

정의를 위한 폭력은 정당한가?

국가나 사회나 어떤 조직은 전체 구성원들을 위해 법과 질서라는 이름으로 개인의 자유를 어느 정도 통제하면서 국가를 유지합니다. 국가나 사회에 위해(危害)가 될 수 있는 것은 법과 공공질서라는 이름으로 제한합니다. 비록 모든 사람이 개인의 자유를 가지고 있지만 국민은 국가나 사회가 이를 제한하는 것에 동의합니다.

이런 공공질서와 법이 근간으로 삼아야 할 것이 바로 정의(正義)입니다. 정의란 '옳고 바른 의리'입니다. 즉 국가의 법과 질서는 국민의 동의하에 이루어지는 정의라고 할 수 있습니다. 그런데 개인의 자유 또는 각 집단의 이익과 국가의 국익 사이에서 가끔 마찰이 일어납니다. 아래의 사실은 국가뿐만 아니라 사회의 작은 영역(학교나 교육)에서 정의를 위해 간혹 발생하는 폭력의 한 형태들입니다. 과연 정의를 위한 폭력은 정당화될 수 있을까요?

생각해 보기 1

한국제철 노조가 사측과 임금 협상이 결렬된 지난 3일부터 파업에 들어가 7일부터는 전면 파업을 벌여 4일째 제품 생산과 출하가 전면 중단됐습니다. 이에 철강 제품의 수출이 막히고 한국 경제에 먹구름이 끼기 시작했습니다. 그러자 사측은 정부에 공권력 투입을 요청했고, 이에 정부는 11일 새벽 4시경에 경찰 등 공권력을 투입하여 노조를 강제 해산하고 회사 업무를 정상화했습니다.

이 와중에 노조와 경찰이 충돌해 경찰 열세 명과 노조원 스물두 명이 다쳤습니다. 노조원 네 명은 급히 병원으로 이송되었습니다. 경찰은 파업을 일으킨 노조 간부 일곱 명에 대해서 전원 사법 처리한다고 밝혔습니다. 언론 역시 연일 이 사태를 보도하면서 한국에서 더 이상 폭력적인 노조 활동은 없어져야 한다고 비판했습니다.

생각해 보기 2

한국대학협의회는 어제 경찰들이 협의회 본부 사무실에 들어와 집기를 들어내고 각종 유인물을 압수해 가자 경찰이 불법으로 법을 집행한다고 항의하면서 전경 대원 다섯 사람을 폭행하고 감금했습니다.

생각해 보기 3

지세포초등학교 6학년 1반 학생들은 선생님이 몇 차례 주의를 줬는데도 한 아이를 계속 왕따시켰습니다. 그래서 어제 단체로 벌을 서고 회초리로 다섯 대나 맞았습니다. 왕따를 당한 아이는 평소에 숙제를 안 해 오고 수업 분위기를 망치며 아이들과 싸움을 자주 하는 등 말썽이 많아 아이들로부터 인정을 받지 못하는 상태였습니다. 아이들은 선생님이 계속 말썽만 피우는 아이를 편드니 그 아이가 점점 미워졌습니다.

생각해 보기 4

영숙이 아버지는 시민운동가입니다. 어느 날 영숙이 아버지는 경상남도에 있는 화력발전소가 바다에 오염된 물을 방류하고 있다는 사실을 알았습니다. 영숙이 아버지는 이것을 범죄행위라 보고 국민들에게 알려야 한다고 생각했습니다.

그런데 시민단체 회원들과 화력발전소 사진을 찍으러 갔다가 발전소 직원들에게 붙들렸습니다. 그러고는 국가의 산업시설을 염탐했다는 이유로 폭행을 당하고 사진기와 필름을 빼앗겼습니다. 너무 억울한 영숙이 아버지는 자신을 폭행한 화력발전소 직원들을 법원에 고소했습니다. 이에 화력발전소 직원들은 영숙이 아버지가 오히려 직원들에게 막말과 욕설을 하면서 법을 어겼다면서 맞고소를 했습니다.

보고서를 받아든 두철이는 흥분해 있었다. 청소 시간에 들은 민찬이의 말이 내내 귓전에 맴돌고 있었기 때문이다.

"정의를 위해서는 폭력이 정당한 거 아이가? 맞잖아! 두철이 봐라. 얼마나 우리를 괴롭히는데……. 그래도 선생님이 있어서 예전만 못하지……."

그때는 정말 한 대 때려 주고 싶었다. 그러나 또 싸우게 된다면 모든 아이들의 눈초리와 선생님의 시선이 자기에게 꽂힐까 봐 참았다. 정말이지 요즘 아이들은 자기를 너무 싫어한다고 생각했다. 특히 토론 시간에 대놓고 자신을 무시하는 친구들을 생각하면 자다가도 벌떡 일어나곤 했다. 아이들은 아직도 두철이를 신뢰하지 않았다. 얼마 전에 1반의 준규와 싸움을 했는데 같은 반 아이들조차 준규 편을 드는 바람에 중간에 싸움을 멈추고 말았다. 5학년 때 같았으면 한 방에 보낼 수 있었는데……. 두철이는 주먹을 불끈 쥐었다.

저녁이 되었는데도 할머니는 밭에 가서 아직 오시지 않았다. 할아버지는 아픈 다리를 절뚝거리며 지팡이를 짚고 비탈길을 따라 옆 동네에 놀러 가셨다.

'에이 배고픈데…….'

물을 한 바가지 마시고 집에 있는 라면을 꺼내들었다. 얼마 전에 아줌마들이 오셔서 주고 가신 거다. 봉지를 뜯어 생 라면을 쪼개 입에 넣으니 고소한 냄새가 한가득 올라왔다. 생 라면은 과자만큼 맛있었다.

사실 말이야 바른말이지, 선생님만 아니면 6학년의 모든 남자들은 자기에게 싸움을 걸 수 없었다. 1반의 현우 빼고는 말이다. 현우는 워낙 착하고 힘도 제일 세기 때문에 두철이도 어쩔 수 없었다. 그렇지만 다른 녀석들은 작년까지만 해도 자기를 피해 다녔다. 그러다 작년 말부터 떼거지로 대들고 있는 것이다. 그래서 아예 싸움을 피해 버렸다. 싸움이 무서워서 피하는 것은 아니었다. 싸우고 나면 뒷감당이 힘들기 때문이었다. 일단 싸움을 하고 나면 선생님은 모든 잘못을 자기에게 물었다.

우리 선생님은 말은 민주적이면서 행동은 거의 독재자다. 우리 교실에서 절대 있어서는 안 되는 세 가지 철칙이 있다. 첫째, 남의 물

건이나 돈이 없어지는 것. 둘째, 싸움하는 것. 셋째, 왕따시키는 것이다. 이 세 가지 중 한 가지 일만 터져도 한 일주일은 고생해야 한다. 두철이는 그것이 무서웠다.

'특히 내게는 유독 그 법을 엄격히 적용하신단 말이야.'

물론 선생님은 그것이 교실을 평화롭게 하는 방법이라고 생각할지 모르지만 그건 일방적으로 정한 선생님의 규칙이었다. 그건 민주적이지 않았다. 사회 시간에 선생님이 그러셨다.

"민주주의의 핵심은 링컨이 게티즈버그에서 한 연설에 전부 들어 있습니다. 국민의, 국민을 위한, 국민에 의한 정치입니다."

그런데 학교에서는 전부 선생님의, 선생님을 위한, 선생님에 의한 정치뿐이였다.

대청마루에 팔을 베고 누운 두철이는 하늘을 바라보았다. 문득 내일 반드시 해야 할 일이 생각났다. 아무리 정의를 위한 폭력이 정당하다 해도 정의가 잘못되었다면 폭력은 정당화될 수 없는 것 아닌가? 또 그것이 올바른 정의라고 해도 폭력은 나쁜 것이다. 나쁜 것을 정의롭다고 하는 것도 잘못된 것이다.

※

아침부터 두철이는 그 좋아하는 만화책도 보지 않고 연습장에 무엇인가 쓰고 있었다. "뭐 하냐?" 하고 묻는 석훈이의 말에도 대꾸하지 않았다. 그러자 은빈이가 "오늘 해가 동쪽에서 떴냐?"라고 놀렸다. 예전 같았으면 한마디 해 주었을 테지만 오늘만은 참았다. 다음 시간에 있을 대반전을 기대하며 열심히 정리했다.

'기다려라, 너희들. 오늘 내가 너희들을 부끄럽게 만들고 선생님의 모순을 논리적으로 지적할 거야.'

두철이는 시간이 빨리 흐르기를 바랐다. 드디어 어린이 철학 시간이 되었다.

"자! 그제 나누어 준 토론지 다 읽고 생각해 왔니?"

"예."

아이들의 대답은 우렁찼다. 조별 토론을 위해 자리를 배열했다. 두철이는 먼저 다른 사람의 의견을 듣는 게 더 낫다고 생각했다.

"나는 정의를 위한다면 폭력은 정당하다고 봐! 우리 교실을 봐. 벌칙과 체벌이 없다면 누가 숙제를 해 오고 청소를 하겠니? 전부 공 차러 나가 버리지."

"음, 나도 그 의견에 공감해. 왕따를 시키면 안 되는데 계속 왕따를 시키는 아이가 있다고 치자. 그런 아이에게는 어떤 잔소리도 소용없어! 일단은 한 대 맞아야 정신을 차린다고 봐. 크크크."

민찬이의 말에 석훈이가 무슨 말인지 알겠다면서 웃었다.

"그렇지만 이 토론지에 나온 영숙이 아버지를 한번 봐. 분명 영숙이 아버지는 환경보호라는 좋은 일을 하기 위해 취재를 한 거야. 다른 사람에게도 도움이 되는 일이고. 그런데 사진기도 빼앗기고 폭력도 당했단 말이야. 아무리 국가시설이라고 해도 이건 너무한 것 같은데……."

"아니지, 법으로 촬영이 금지된 곳을 촬영한 영숙이 아버지 잘못이야. 당연히 필름을 빼앗아야지."

"폭력도 당했는데……."

"잘못된 행동을 했는데 그걸 거부하고 끝까지 안 뺏기려고 했겠지. 그러니까 싸움이 났겠지."

"안 보고 어떻게 아니?"

"척 하면 아는 거 아이가? 너, 바보냐?"

"뭐, 너 선생님께 이른다. 그게 토론을 망치는 행동인 거 알지? 그리고 너는 '어쨌든' '무조건' 이런 말 좀 자제해라. 무식해 보이잖아?"

'무식?' 석훈이는 당황했다. 아무리 자기가 '바보'라고 했기로서니 모범생인 선영이 입에서 그런 단어가 나올 줄 몰랐다. 수업 시간에 똑똑하고 자기 일에만 충실한 선영이가 요즘 대담해졌다고 생각했다.

'어린이 철학 토론 시간 때문인가?'

석훈이는 고개를 갸우뚱거리며 옆의 두철이를 보았다. 화제를 두철이 쪽으로 돌렸다.

"그럼 왜 화력발전소 사람들이 폭력을 사용하겠니? 말을 안 들으니 한 대 맞은 거지. 그지 두철아! 크크크."

두철이는 석훈이가 자기를 놀리려고 일부러 그런다는 걸 알고 있었다. 하지만 이번 토론 시간에는 절대 까불지 않고 진지하게 임할 생각이었다. 오늘은 친구들과 선생님께 자기의 존재를 꼭 보여 주고 싶었다.

"난 좀 다른데. 영숙이 아버지가 석훈이 너 아버지라면 어떻게 할 거니?"

"우리 아버지 아닌데?"

"아니 그렇다고 하잔 말이야. 그러면 너는 어떻게 생각하니?"

"아, 난 모르겠고. 영숙이 아버지가 어떻게 우리 아버지가 되니?"

"석훈아! 너 바보가? 두철이는 그렇게 가정하고 토론하자는 거 아니가."

선영이가 다시 거칠게 한마디 했다.

"아닌데 뭘 토론해. 그리고 두철이가 토론을 해? 어흐."

석훈이와 민찬이는 고개를 숙이고 낄낄거렸다. 두철이가 주먹을 들어 올리며 눈에 힘을 주자 석훈이는 애써 외면했다. 도무지 토론이 안 되었다. 두철이는 전체 토론 시간이 되기만 바랄 뿐이었다. 이윽고 전체 토론 시간이 되자 두철이는 먼저 손을 들어 발표를 자청했다. 선생님은 의외라는 듯 두철이를 보며 웃었다.

"오호! 두철이!"

"저는 정의를 위해서 폭력은 정당화될 수 없다고 봅니다. 왜냐하면 정의가 정의롭지 못할 수도 있는데 올바르지 않은 것을 정의라고 믿으면서 폭력을 행사하는 것은 안 된다고 봅니다."

"지금 두철이는 보고서를 잘못 이해하고 있습니다. 여기서 정의라는 것은 일단 올바르다고 보고 이야기하는 거지요. 그러니까 올바른 것을 위해 폭력은 정당한가에 대해 의견을 개진해야 합니다."

'수빈이가?'

두철이는 수빈이가 일어나 그렇게 말하니 할 말이 없었다. 수빈이만 아니면 바로 반론을 제기하려고 했는데 일단은 지켜보기로 했다. 수빈이는 계속해서 말을 이어 나갔다.

"제 생각은 찬성하는 쪽입니다. 왜냐하면 법과 규칙이라는 것은 여러 사람들이 합의해서 만들어진 것들입니다. 그런데 그걸 누군가 어긴다면 당연히 법의 심판을 받아야 한다고 봅니다."

"이건 폭력에 관한 것입니다. 법정에서 누가 옳고 그르냐를 따지는 것이 아니라 그 사람에게 신체적으로 위해를 가한 것입니다. 여기 영숙이 아버지 보세요. 폭력을 당하고 사진기와 필름을 빼앗겼다고 했잖아요. '당신이 여기서 왜 사진을 찍습니까? 재판장에서 보지요.'라고 말한다면 누가 뭐라 하겠어요. 무작정 뺏고, 때리고 하니까 문제지……."

"아니 그럼, 그 사람이 테러범이거나 국가 기밀을 훔치는 간첩일 수도 있는데 어떻게 예의를 차려 대한단 말입니까?"

"그럼 알아보지도 않고 국가 기밀이니 중요 시설이니 하면서 무작정 폭력을 행사하는 것은 좋은 일인가요?"

평소에 친하면서 비슷한 주장을 했던 수빈이와 은빈이가 이번에는 정반대의 의견으로 치열하게 토론을 벌이고 있었다. 영수가 수빈이를 거들고 나섰다.

"저는 수빈이에게 찬성하는 쪽인데요. 그럼 은빈이 학우는 막무가내로 불법을 저지르면서 국가의 중요한 시설을 설치하는 것을 반대하거나 사진을 찍는 것이 법적으로 타당하다는 이야기인가요?"

"예."

"어째서 그런가요?"

"저번 사회 시간에도 선생님이 말했잖아요. 대한민국은 민주공화국이고, 모든 권력은 국민으로부터 나오며, 모든 국민은 행복을 추구할 권리가 있다. 여기서 행복을 빼앗아 가려는 환경오염에 대해 감시하고 비판하는 것은 당연하다고 봅니다."

"이야, 은빈이 최고다."

여자아이들은 수빈이와 영수에 맞서 자신의 주장을 논리적으로 펼치는 은빈이에게 박수를 쳐 주었다. 두철이는 이때다 싶어 다시 발언권을 얻어 주장을 펼쳤다.

"저도 은빈이 주장에 찬성합니다. 아무리 국가적으로 옳은 일이라 해도 저번 철학 토론의 주제처럼 국가와 개인 간의 대립이 있을 수 있잖아요. 그때는 개인이 국가의 일이라고 무조건 따른다거나 정부는 국가적 일이라고 개인의 재산권이나 자유권을 무조건 희생하게 해서는 안 된다고 토론했습니다. 영숙이 아버지가 법을 어겼다면 법정에서 법으로 해결하면 될 일이지, 카메라를 빼앗는다거나, 음,

뭐 폭력을 행사하면 되겠습니까?"

"그러면 공장은 계속 물건을 만들어 내고 팔아야 움직이는데 노동자들이 임금을 높여 달라고 시위를 하고 파업을 하면 회사의 운명은 어떻게 되겠습니까? 저희 아버지도 조선소에 다니시지만 가끔은 노동자들의 시위가 너무하다고 하십니다. 스스로 시위를 중지할 때까지 회사는 손해를 보면서 계속 참아야 합니까?"

두철이의 주장을 듣고 있던 민찬이가 반대 의견을 제시했다.

"두철이는 말해 보세요. 회사가 계속 손해를 보면서 공장을 놀려야 합니까?"

"그렇다면 회의를 거쳐 타협을 봐야지 정부가 나서서 폭력으로 해결해야 합니까?"

"그게 왜 폭력인데……?"

"공권력이라고 했잖아!"

민찬이와 두철이가 서로 반말로 신경전을 벌이자 선생님은 개념 정리를 해야겠다고 생각했다.

"여기서 공권력이란 민찬이 말대로 법으로 보장된 국가기관에서 합법적으로 행사하는 힘을 말해. 그러니까 체포, 구속, 시위진압, 강제해산 등을 말하지."

"그건 합법적인 거야."

두철이와 민찬이는 감정이 섞인 발언으로 서로 자기주장이 옳다고 말했다. 옆에서 지켜보던 선생님은 넌지시 민찬이에게 질문을 던졌다.

"민찬이는 그럼 합법적이라면 폭력을 행사해도 좋다고 생각하니?"

"아니 선생님은 또……."

"합법적이라면 폭력도 정당화된다고 생각합니다. 공익을 위해서라면……."

"공익을 위해서라면 폭력도 가능하다? 그럼 영수야, 파업과 시위를 벌이는 노동자들이 맞서서 저항하면 어떡하지?"

"어떤 저항 말입니까?"

"공권력을 가지고 시위를 해산하기 위해 물대포를 쏘거나 경찰봉을 휘두르거나, 최루탄을 쏠 경우 노동자들이 가만히 있지 않고 같은 방법으로 각목을 휘두르거나 돌을 던지면 어떡하지? 더 큰 피해가 날 것 같은데……."

"그러니까 처음부터 시위를 막아야죠. 공권력을 사용하더라도……."

"그럼, 민찬이 말대로 처음부터 아예 시위를 못하나요? 국가의 잘못된 정책이나 회사의 부당한 일은 그냥 당하고만 있어야 하나요? 사실 철수 아버지 같은 경우는 시민 모두의 이익을 위해서라면 더욱 보호받아야 할 사항 아닌가요?"

"법적 절차를 밟아서 문제를 제기해야지요."

영수가 법적 절차가 중요하다며 한슬이 의견에 의문을 제기했다.

"그런 절차까지 무시되는 상황이면 어떡하죠? 그냥 내 일 아니라고 참아야 하나요? 그럼 누가 자연을 보호하고 시민을 보호하고 우리를 보호한단 말입니까?"

이번에는 두철이가 영수의 의견에 이의를 제기하며 나섰다.

"공권력으로 막는다고 같이 폭력을 쓴단 말입니까?"

"그럼 폭력으로 진압하려는데 그냥 맞고 있는 사람이 어디 있습니까? 당연히 저항하다 보면 같이 폭력을 쓸 수밖에 없지 않아요? 그러다 상황이 더 악화되잖아요."

"그런데 폭력을 반대하면서 왜 폭력을 사용합니까? 정의를 위한 폭력은 반대하면서 왜 그쪽은 그쪽의 정의를 위해서 폭력을 사용하지요?"

"그래서 대화를 하자고 했던 것입니다. 정의를 위한다 해도 폭력은 반대하는 것입니다."

"이야, 두철이가 웬일이니?"

오늘 두철이는 뭔가 준비를 단단히 했나 보다. 두철이가 민찬이의 말에 조목조목 반박하면서 토론이 끝나는가 싶었다. 찬성론자들은 더 이상 할 말이 없었다. 아니, 할 수 없었다. 이것은 마치 폭력이 폭력을 부르는 악순환과 같은 것이었다. 찬성론자들은 모두 꿀 먹은 벙어리마냥 말이 없었다. 잠시 어색한 침묵이 흘렀다. 그때 수빈이가 손을 들었다.

"선생님 언어적 폭력도 폭력에 해당하나요?"

"당연하지. 어쩌면 물리적 폭력보다 더할 수 있어."

갑자기 수빈이는 눈을 반짝이더니 두철이를 쏘아보며 말했다.

"두철이는 정의를 위해서 폭력을 사용한다는 것에 반대한다고 아까부터 자꾸 주장하는데 사실 3학년 때부터 친구들에게 얼마나 많은 폭력을 행사해 왔나요? 당사자가 그렇게 얘기하면 안 되지요."

순간 두철이는 당황했다. 마음속으로 좋아하는 수빈이가 자신을 또 공격하고 있는 것이다.

'이를 어쩐다. 그냥 있어 버릴까?'

잠시 침묵이 흐른 뒤 두철이는 다시 말을 이었다.

"물론 제가 예전에 여러분들에게 나쁜 짓을 한 경우도 있습니다. 그러나 음, 그것은 싸움을 하다 보면 일어날 수 있는 일들입니다. 싸움을 하는데 그냥 맞고만 있을 수는 없지 않습니까?"

"일방적으로 때린 적도 있잖아!"

몇몇 아이들은 두철이를 쏘아보며 목청을 더욱 크게 돋우었다.

"뭘, 싸우다 보면 그럴 수도 있습니다. 화가 난 상황이기 때문에……. 하지만 어느 한쪽만 잘못이라고 할 수는 없죠."

"싸우다 보면 그렇다고 칩시다. 그러면 평소에 친구들에게 욕하거나 놀리는 것, 말로써 남에게 상처 준 행동은 어떻게 하지요."

"그건 장난인데……."

"너는 장난이라지만 무심코 던진 돌에 개구리는 맞아 죽는다고! 네가 장난을 치면 우리는 돌에 맞는 기분이야."

"……."

수빈이는 계속해서 두철이를 물고 늘어졌다. 어쩌면 수빈이는 두철이를 통해 찬성론자들의 승리로 토론을 이끄려는지도 모른다. 그래, 그냥 토론일 뿐이라고 두철이는 생각하고 싶다. 그러나 두철이는 자신을 변명하기도 힘들었다. 남자들의 도움은 바라지도 않는다. 하지만 아무리 생각해도 이해가 가지 않았다. 지금은 토론 시간 아닌가? 토론에서 반대론자들은 그래도 자기편을 들어 주어야 하는데 반대론자 중에서 아무도 자신의 편을 들어 주지 않는 것에 배신감을 느꼈다. 하지만 오늘만은 절대 지지 않을 거라고 마음속으로 다짐했다.

"지금은 어린이 철학 토론 시간인데 왜 내 얘기만 하나요?"
"평상시 행동과 토론 의견이 맞지 않기 때문이지요. 정의를 위한 폭력은 정당하지 못하다고 주장하는 사람이 다른 사람에게 폭력을 가하는 것은 말도 안 되는 일 아닙니까, 여러분?"

수빈이는 마치 정치인들이 대중연설을 하듯이 주먹을 쥐고 허공을 향해 돌렸다. 두철이는 입술이 떨렸다.

"으……."

그러자 이번에는 석훈이가 나섰다.

"또 있습니다. 두철이는 수업 분위기를 가장 많이 해치는 아이입니다. 사실 우리 교실에서 숙제를 가장 자주 안 해오고, 가장 많이 떠들고, 선생님이 만드신 규칙을 가장 많이 어기는 학생이 두철이에요. 친구들과 다툼도 가장 많고 선생님께 가장 많이 혼나는 학생도 두철이 아닙니까? 그런데 처벌을 할 수 없다는 두철이의 논리는 오직 자기만 편해지려는 욕심이에요. 두철이! 할 말 있으면 해 봐라!"

남자든 여자든, 반대론자든 찬성론자든, 모두들 두철이를 비난했다. 두철이는 아무 말도 못하고 의자에 주저앉고 말았다. 손이 부르르 떨렸다. 앞이 잘 보이지 않았다. 눈물이 맺혀서 사물이 흐릿하게 보이기 시작했다.

"그리고 너 어제도 바쁘다고 청소 안 하고 토꼈지? 우리가 일부러 선생님께 말 안 한 거야. 왜? 넌 항상 청소 잘 안 하잖아!"

"니 반성 많이 해야겠다."

이번에는 민찬이와 은빈이가 한마디씩 했다.

"야! 니 3학년 때부터 지금까지 우리에게 한 짓 생각해 봐라. 니는 우리 모두의 안티다. 안티."

명곤이가 또 한마디 했다. 두철이는 말이 없었다. 아니 할 수가 없었다. 눈에서는 눈물이 글썽거렸다. 그때였다. 토론 시간마다 한마디도 못하던 소라가 스스로 일어나 한 손을 자신의 가슴에 올리고서는 천천히 두철이를 보면서 말했다.

"선생님, 지금 수빈이와 석훈이의 발언은 매우 잘못되었다고 봅니다. 음, 주제가 '정의를 위한 폭력은 정당한가?'인데 지금 두철이를 공격하면서 하는 말들은…… 주제와 상관이 없어 보입니다."

"왜 상관이 없어? 그 주제에 반대하는 사람의 말이 앞뒤가 안 맞는 것인데……. 소라야, 갑자기 왜 그러니? 그냥 평소처럼 가만있어."

재옥이가 그런 소라가 이해 안 된다는 듯 눈에 힘을 주고 말했다. 재옥이의 말에 소라의 심장은 더욱 쿵쾅거렸으나 한 손으로 가슴을 감싸며 자신의 입장을 얘기했다.

"음……, 이건 두철이 개인의 일인데 마치 반대론자 전체가 비판받는 분위기이지 않습니까? 음……, 두철이가 아닌 다른 친구라면 이렇게 말할 수는 없습니다. 두철이는 평소에 음……, 자신의 행동 때문에 선생님께 가장 많이 체벌을 받습니다. 얼마나 아프겠습니까? 여러분들도 선생님께 맞아 보아서 알겠지만 사실 무척 아픕니다. 아픈 줄 알면서 왜 여러분들은 폭력이 정당하다고 합니까?"

아이들은 눈이 휘둥그레져서 소라를 쳐다보았다. 소라는 아이들을 똑바로 보면서 자신의 주장을 펼쳤다.

"정의를 위한다잖아요! 그럼 교실을 엉망으로 만들고 분위기를 망친 학생을 그냥 둔다면 교실이 어떻게 되겠어요. 우리도 맞으면 아픈 줄 압니다. 그러나 참습니다. 우리가 잘못했기 때문에……. 두철이도 자신의 잘못만큼 체벌을 받는 것을 당연하게 생각해야지요. 자신의 행동은 눈감고, 다른 사람의 행동에 대해서 반대하는 것은 앞뒤가 안 맞는 거 아닙니까?"

이번에는 수빈이가 소라의 의견에 제동을 걸었다.

"두철이가 안됐어……. 토론 시간에 이러면 안 되는데……."

지혜가 혼자 중얼거리자 은휘는 가만있으라는 눈짓을 주었다. 소라가 혼자서 한 치의 양보도 없이 아이들과 논쟁을 벌이는 동안 두철이 얼굴에서는 굵은 눈물이 주르르 흘러내렸다.

"먼저 이 점을 짚고 넘어가야겠네. 일단 여러분의 토론은 논리적 오류를 범하고 있어. 한 개인이 저지른 과거의 일을 현재 벌어지고 있는 문제에 대입해서 인신공격의 오류와 정황적 증거에 의한 오류를 범하고 있지."

"인신공격의 오류와 정황적 증거의 오류가 뭐죠?"

'야! 이거 큰일인데!'

어서 화제를 돌려야 하는데 지금 아이들이 인신공격의 오류와 정황적 증거의 오류를 물어 오니 질문에 답을 해야 했다. 그런데 질문에 답을 하다 보면 또 두철이와 관련된 얘기를 할 수밖에 없다. 선생님은 잠시 고민을 하다 온화한 미소를 띠면서 말했다.

"인신공격의 오류는 상대방의 말을 공격하는 것이 아니라, 그 말을 하는 사람의 인격을 훼손하면서 그의 주장을 꺾으려고 할 때 범하는 오류야. 지금은 두철이에 대한 좋지 않은 감정이 토론에서 그대로 드러난 경우지. 정황적 증거에 의한 오류는 두 사람 간의 논쟁에서 상대방이 그가 처한 정황 또는 상황으로 미루어 보아 자기의 생각을 받아들일 수밖에 없다고 주장하는 것이다. 두철이의 과거 행동과 모습으로 현재를 판단해 버린 경우야. 두철이가 정의를 위해 폭력이 정당화될 수 없다고 했다면 왜 정당화될 수 없는지를 비판적으로 분석해야 하는데, 두철이의 과거의 모습에서 앞뒤가 모순된다는 것을 찾고 있는 것이지. 두 번째, 조금 전 토론의 문제점은 너희가 주제를 자꾸 벗어나고 있다는 것이야. 이번 주제는 한 개인에 대한 정의와 폭력의 문제가 아니야. 선생님은 두철이의 주장을 더 들어 보고 싶은데……."

선생님은 두철이에게 반박할 기회를 주고 싶었다.

"……."

두철이는 입을 열면 눈물이 더 날 것 같아 말을 할 수가 없었다. 그때 소라가 조용하게 "억울하면 말해야지." 하며 두철이의 팔을 잡고 일으켜 세웠다.

"……사실, 예전에 여러분을 괴롭힌 것에 대해서는 할 말이 없습니다. 죄송합니다. 그럴 때마다 선생님에게 혼나고……, 흑……. 그러나 지금은 나에게 괴롭힘을 당하는 친구가 없습니다. 오히려 제가 여러분에게 왕따를 당하고 있습니다. 제가 예전의 행동과 반대로 이야기하는 것은 정말 아프기 때문입니다. 그리고 더 화가 나기 때문입니다. 여러분은 안 믿을지 모르지만 저는 폭력에 반대합니다. 왜냐하면 더 화가 나기 때문입니다."

그리고는 두철이는 친구들을 둘러보며 벌게진 눈에 눈물을 흘리며 말했다.

"너희들은 아프고 화나지 않았나? 나는 내가 예전에 너희를 폭력적으로 괴롭혔지만 그 대가가 너무 아프고 힘들었기 때문에 반대하는 거야! 그런데 너희들은 폭력이 싫고 아프다면서 왜 폭력을 인정하는데……. 내가 거짓말쟁이면 너희들은 사기꾼이야! 흑흑흑."

두철이는 눈에 눈물을 흘리면서 자리에서 일어나 교실 밖으로 뛰어갔다. 선생님은 그 광경을 보다가 다시 아이들에게 물었다.

"여러분! 여러분은 잘못된 행동이나 혹은 선생님의 감정적 문제로 선생님에게 체벌을 많이 당했지요? 선생님에게 체벌을 당할 때 좋았던 사람 있었나요?"

아무도 없었다. 체벌을 좋아하는 사람이 어디 있겠는가? 아이들은 고개만 숙이고 있었다.

"대부분 체벌이 싫었을 거예요. 교실의 질서와 평화를 위해서, 그리고 과제를 해 오지 않은 친구를 위해서 폭력이 일정 부분 필요하다고 변명할 수도 있겠지만, 폭력은 그 자체로도 나쁘고 또 다른 폭력을 부르지요."

'허걱, 선생님이 우리에게 높임말을 쓴다.'

아이들은 뭔가 이상했다.

"어떤 심리학자들은 폭력이 학습된다고 합니다. 그래서 어릴 적 부모나 선생님으로부터 어떤 형태의 폭력을 많이 당한 아이는 커서 어른이 되면 잘못되고 싫은 줄 알면서도 그 폭력을 그대로 답습한다고 합니다. 오늘 여러분들의 토론에서 그것을 발견하고는 사실 놀랐습니다. 정의를 위해 폭력은 정당화될 수 없다는 논리에 더 많은 찬성을 할 줄 알았는데 오히려 그 반대가 압도적으로 많았군요. 우리가 너무 폭력에 익숙한 것 아닐까 하는 두려움이 앞섰습니다. 오늘 선생님은 여러분들의 토론을 보면서 많은 것을 깨달았습니다. 선생님이 잘못된 생각을 가진 것 같아요. 나쁘다는 것을 알면서도 교육이라는 이름으로 정당화한 것입니다. 단지 교육적 효과라는 정의 아닌 말로, 체벌을 정당화하지 않겠습니다. 앞으로 우리 6학년 2반에서는 어떤 형태의 폭력이든 금지하도록 합시다. 그리고 토론 시간에는 선생님도 존댓말을 사용하지요. 먼저 선생님부터 시작하겠습니다. 여러분 어때요?"

아이들은 "좋습니다." "좋아요!" "옳소!" 하며 환호성을 질렀다. 뭐 그렇게 신 날 일도 아니었다. 평소에 자신이 맡은 역할과 책임, 그리고 대인관계가 좋은 아이들은 사실 체벌 대상에 들지도 않았다. 에너지 넘치는 남학생들이 항상 체벌 대상이었다. 그런데도 남녀 학생 모두 만세를 부르고 뛰며 좋아했다. 몇몇 아이들은 교실 밖으로 뛰어나갔다.

그날 저녁 늦게 두철이 집에서 선생님은 두철이와 단둘이 얘기를 나누었다. 두철이는 친구들 앞에서 눈물 흘린 것이 부끄럽다고 말했다. 그리고 자신을 때리는 아버지가 밉지만 아버지를 사랑한다고 했다. 부모님이 함께 살았으면 좋겠다고도 했다.

아이들이 남긴 보고서에는 소라를 칭찬하는 글이 많았다.

'소라, 드디어 날다!' '쏘라, 한 방 터뜨리다!' '소라, 대포 쏘다!' '오늘의 베스트 토론자, 소라!' '두철이 수호천사, 소라!'

글을 읽는 선생님의 입가에 미소가 흘렀다. 그러다 민찬이의 보고서를 보았다. 다음과 같은 글이 쓰여 있었다.

'우리 선생님! 과연 며칠이나 갈까? 친구와 내기를 해야겠다.'

'요놈 봐라.' 선생님의 입가에 미소가 피었다. 그러나 이내 약속을 꼭 지켜야겠다고 다짐했다.

위대한 어머니의 가르침, 아인슈타인

아인슈타인은 20세기의 가장 위대한 과학자이자 철학자입니다. 그는 상대성이론이라는 현대물리학의 기초를 세웠습니다. 상대성이론은 우주의 모든 것은 보편적 법칙에 의해 지배를 받지만, 관찰자의 입장에 따라 관찰 결과가 달라진다는 이론입니다. 아인슈타인은 기존의 절대적 시간과 공간 개념을 허물고 과학, 특히 물리학을 철학과 융합하려고 했습니다.

아인슈타인(1879~1955).

아인슈타인의 성공 뒤에는 항상 그의 어머니가 있었습니다.

아인슈타인은 태어날 때 지나치게 머리가 커서 부모님은 아이가 기형이 아닐까 의심했습니다. 또 거의 말을 하지 않고 혼자 놀며 같은 말을 되풀이하는 습관이 있었습니다. 아버지는 아이가 어딘가 모자란 아이라고 생각했습니다. 공립학교에 들어간 뒤에는 행동이 느리고 엉뚱한 짓을 많이 해서 선생님들에게 손바닥을 많이 맞았습니다. 담임교사는 "너 때문에 다른 아이들이 공부를 못하니 학교에 오지 말기 바란다."라고 단도직입적으로 말했습니다. 구구단도 외우지 못했고, 특히 언어 관련 과목에서는 모두 낙제 성적을 받았습니다. 부모님이 아이의 장래 직업에 대해 묻자 담임선생님은 "직업이 문제가 아니라 그 애는 어느 분야에서도 성공할 확률이 없다."라고 단언했습니다. "너는 제구실을 해낼 인물이 못 될 것 같다."라는 말까지 들었죠. 몇 년 후 결국 그는 학교를 중퇴했습니다. 그때 그의 언어 담당 선생님이 "너의 존재가 내 학급에 존경심을 잃게 한다."라고 했습니다.

그러나 어머니는 주위의 반대에도 불구하고 아이에게 바이올린을 가르쳤고 곧이어 남과 다른 아주 놀라운 재능이 있다는 것을 발견합니다.

"너는 다른 사람에게 없는 훌륭한 장점이 있단다. 이 세상에는 너만이 감당할 수 있는 일이 기다리고 있어. 너는 그 길을 찾아가야 해! 너는 틀림없이 훌륭한 사람이 될 거야."

어머니의 이 가르침은 마침내 아인슈타인을 20세기의 가장 위대한 과학자로 만들었습니다.

제10주제 절대자 되어 보기

"선생님, 왜 우리나라에 미군이 있죠?"

사회 시간에 영수가 갑자기 질문했다.

"여러 가지 이유가 있단다. 그걸 설명하려면 꽤 길어. 한 시간 정도 사회 수업을 빌려야겠구나. 그래도 좋으니?"

"좋아요."

아이들은 사회 수업 대신 이야기 듣는 걸 좋아했다. 그러나 사실 이것도 사회 수업의 연장이다. 선생님은 먼저 일제강점기 제국주의 정책부터 이야기를 시작했다.

"사실 오늘날 선진국이라 자부하는 모든 나라들이 그 당시 다른 나라들을 식민지로 삼았습니다. 자국의 산업과 경제적·정치적 이익을 위해 다른 나라 국민의 희생이 필요한 거지요. 영국, 프랑스, 독일, 일본, 미국, 이탈리아도 전부 제국주의 정책을 폈던 나라입니다. 그러다 자기네들끼리 더 많은 경제적 이익과 정치적 힘을 얻기 위해서 전쟁을 벌이죠. 그것이 제1, 2차 세계대전입니다. 많은 약소민족과 국가들은 자기의 의사와 관계없이 그 전쟁에 개입되어 너무나 많은 희생을 감수해야 했습니다. 우리나라도 제2차 세계대전 때 일본의 식민지였기 때문에 일본 제국주의 전쟁에 개입했지요. 그러다가 일본과 미국이 태평양전쟁을 벌이게 되었습니다. 그 결과 마침내 히로시마와 나가사키에 원폭이 투하되고 소련군이 진출하면서 일본이 항복하고, 우리나라는 해방을 맞이했습니다."

"우리나라도 이제 독립국으로서 나라를 부강하게 할 기회를 맞이했군요."

"그런데 해방을 맞이한 대한민국은 둘로 나뉩니다. 북쪽은 김일성을 위시한 공산주의 이념을 가진 자들이 득세하고 남쪽에서는 미군정 속에 좌우 대립으로 극심한 국론 분열이 이어졌죠."

"선생님, 그런데 왜 북한 쪽에는 소련군이 들어와 있었죠?"

"소련군이 일본과 전쟁을 선포하면서 한반도 북쪽 지방에 먼저 들어왔습니다. 미국은 그런 소련의 팽창 정책을 견제하기 위해 한반도 남쪽 지방에 들어왔어요. 그런데 이 두 나라는 그 이후 나가지 않고 대한민국에 자신들의 입맛에 맞는 정권을 세우려고 했어요. 제국주의 전쟁이 끝나자 '콜드 워(cold war)'라는 새로운 냉전이 전 세계를 휩쓸기 시작했습니다."

"콜드 워가 뭐지. 차가운 전쟁인가?"

지혜가 아리송한 표정으로 혼자 중얼거리자 은휘가 "어휴 바보, 선생님이 방금 냉전이라고 했잖아." 하면서 지혜를 꼬집었다.

"아야! 야이 가시나야, 니나 내나 그기서 그기 아나?"

지혜의 말에 아이들은 낄낄대며 웃었고 은휘는 지혜가 부끄러운지 "아, 미치겠다." 하며 고개를 숙였다. 아이들은 그런 둘을 보고 '명콤비'라며 놀려 댔다. 선생님의 말은 계속 이어졌다.

"결국 한반도는 좌우 이념 대립을 극복하지 못했고, 냉전의 시작을 알리는 전쟁이 벌어졌습니다. 그것이 바로 한국전쟁입니다."

"아! 6·25전쟁 말이죠."

"남북전쟁이지."

"아닙니다. 선생님 생각에는 6·25전쟁이란 말은 맞을 수 있지만 남북전쟁 또는 민족전쟁이라는 용어는 틀렸다고 봅니다. 중국과 소련이 북한에 직간접적으로 개입하고, 낙동강 근처까지 밀렸던 한국군과 미군 쪽에는 16개국이 동맹으로 참전합니다. 국제전의 성격을 띤 것이죠. 그래서 한국전쟁이 정확한 용어입니다."

"한국전쟁에서 결국 우리가 이겼잖아요?"

"꼭 그런 건 아닙니다. 개전 일주일도 안 되어 한강 이남까지 후퇴한 한국군과 미군은 그 후 한 달도 안 되어 낙동강 이남을 제외한 전 지역을 북한군에 넘겨줍니다. 그러자 이승만 정부는 군사작전권을 미군에게 넘겨주고 북한과 전쟁을 수행합니다."

"군사작전권이 뭐지요?"

"군대를 지휘하고 감독할 수 있는 모든 권리를 말합니다. 결국 3년간의 전쟁은 북한과 미군의 휴전협정을 통해 여러분도 잘 아는 휴전선을 기점으로 한반도가 남한과 북한으로 나누어지면서 일단락되었죠. 그리고 오늘날에 이르고 있습니다."

"왜 휴전협정에 한국군이 대표로 안 나가고 미군이 나가요?"

"어휴! 방금 군사작전권을 미군이 가지고 있다고 했잖아."

은휘의 질문에 재길이가 쏘아붙였다.

"다시 전쟁 전으로 돌아갔군요."

"그렇습니다. 한국전쟁은 너무나 많은 희생을 낳았어요. 남북한 모두 합쳐 약 250만 명이 희생되었고, 다른 참전군의 희생도 수십만 명에 달하죠. 또 500만 명의 이재민과 천만 명의 이산가족이 발생했습니다. 이산가족 문제는 전쟁이 끝난 지금도 남아 있는 남북한의 최대 현안입니다. 인명 피해 못지않게 경제적 손실도 이루 말할 수 없습니다. 모든 것이 완전히 잿더미가 되었으니까요. 그런 폐허 속에서 오늘날 세계 10위권의 경제 대국이 된 우리나라를 두고 세계 사람들은 한강의 기적이라 부르는 거지요."

"전쟁도 끝났는데 미군은 왜 계속 주둔하고 있죠?"

"여러분이 정확히 알아야 할 사실이 있는데 한반도에서 전쟁은 끝난 것이 아닙니다. 잠시 전쟁을 쉬고 있는 거지요. 그래서 휴전선이라 합니다. 즉, 언제 어떻게 다시 터질지 모르는 '화약고' 같은 것이 한반도의 현실입니다. 그리고 우리나라와 북한을 두고 세계 최강대국이라는 네 나라가 둘러싸고 있습니다. 북한의 위쪽에는 한때 미국과 어깨를 나란히했던 소련, 즉 지금의 러시아가 있고 그 옆에는 15억의 인구와 세계의 공장이라고 일컬어지며 향후 20년 안에 미국과 쌍벽을 이룰 거라고 보는 중국이 자리 잡고 있습니다. 이 두 나라는 우리와 국교를 수립했지만 심리적, 정서적으로 북한과 더 가깝습니다. 우리나라 아래쪽에는 세계 2위 경제력과 막강한 군사력을 가진 일본이 있고 우리나라 안에는 세계 초강대국인 미국이 주둔하고 있습니다."

"아휴! 한반도를 둘러싸고 세계 강대국들이 득실대고 있군요?"

"재길이 말이 맞아요. 그래서 주한 미군에게는 자신들의 군사적·경제적 필요성, 그리고 한반도와 극동아시아에서의 힘의 균형, 향후 떠오를 중국과 러시아에 대한 견제 등 여러 가지 정치·경제·군사적 요인들을 고려해야 할 필요가 있습니다. 현재 평시작전권은 우리 대한민국에 귀속되었으나 전시작전권은 주한 미군이 그대로 가지고 있습니다."

"왜, 안 돌려받아요? 우리나라 군대는 우리가 지휘해야지……."

"여러 가지 이유가 있겠죠. 아직도 남한과 북한, 미국과 북한 간의 평화 분위기가 조성되지 않은 여건도 있습니다. 정치와 경제는 이처럼 복잡하게 얽히고설켜 있습니다. 우리와 미국은 동맹관계예요. 동맹관계는 서로 전쟁이 벌어지면 개입하여 같이 싸우게 되어 있습니다."

"아주 복잡하네요. 그래서 우리나라가 이라크에 군대를 파견했군요."

"그래요. 도덕적으로 옳고 그름을 떠나 우리나라가 선택할 수 있는 폭이 좁다는 것입니다. 동맹국가가 전쟁을 벌이는데 나 몰라라 할 수도 없고, 그렇다고 우리도 역사적으로 많은 외침을 당했는데 우리와 상관없는 남의 나라에 군대를 파견하는 것도 부담이 되는 일입니다."

"그래서 국회의원들이 싸웠던 거군요."

"맞아요. 세상은 자기 입맛대로 돌아가지 않아요. 냉엄한 힘의 논리가 적용되는 국제사회에서는 부강한 국가 건설이 무엇보다 중요해요. 우리가 학교에서 배우는 것처럼 정의나 평화, 배려, 자유, 평등, 민주주의 등의 중요한 가치들은 꼭 지키고 존중하며 살아가야 하는데, 국제사회에서는 잘 통하지 않고 모순도 많이 일어납니다."

"그런 모순은 어떻게 해결해야 하나요?"

"그래서 세계의 모든 나라들은 제1, 2차 세계대전 후 국제적 분쟁과 해결을 위해 국제기구를 만들어 국제간, 국가 간 대화와 타협을 통한 해결의 실마리를 찾고자 했지요. 그 결과 국가 간 전쟁 방지 및 평화 유지를 위해 국제기구를 설립했고, 그것이 국제연합이에요."

"그러면 모든 국제 문제는 국제연합에서 해결하나요?"

"대부분 논의를 합니다. 국제연합에는 전 세계 193개국이 가입되어 있습니다. 그러나 그중에서도 상임이사국이라고 해서 엄청난 힘을 행사하는 다섯 개 국가가 있는데, 이들이 대부분 국제사회의 여론을 주도하는 편입니다."

"그 나라가 어떤 나라들이죠? 우리나라도 포함되나요?"

"우리나라는 국제정치 사정상 국제연합에 가입한 때가 1990년 초입니다. 얼마 안 되지요. 상임이사국 5개국은 미국, 영국, 프랑스, 러시아, 중국입니다. 그중에서도 미국의 힘은 가히 상상을 불허할 정도입니다. 때로는 자국의 이익을 위해 국제연합까지도 무시하죠. 그래서 가끔 국제연합과 대립하기도 합니다."

"이번 이라크 침공도 국제연합이 인정한 것입니까?"

"아닙니다. 미국은 국제연합의 결의안이 나오지 않자 미국과 관련된 북대서양 조약 기구인 '나토'의 이름으로 이라크를 공습했습니다."

"국제연합의 결정을 무시한다면 국제연합은 필요가 없지 않아요?"

"맞습니다. 국제사회는 힘의 논리에 따라 움직입니다. 미국은 자국의 의사에 반하면 국제연합을 배제한 채 독단적으로 행동합니다. 실제 미국을 견제할 국가도 거의 없고요. 또 국제연합이 미국을 거스를 수 없는 이유가 따로 있지요. 국제연합에는 수많은 국제기구가 조직되어 있는데 그 예산의 30퍼센트 정도를 미국이 분담합니다. 그러니 국제연합이 미국의 눈치를 안 볼 수 없는 거예요. 미국은 자국이 세계에 대한 경찰국가로서의 힘을 가지고 있다고 생각하고 있고 실제 그렇게 하고 있어요."

아이들은 말이 없었다. 수긍을 하는 것 같아 보이기도 하고, 이해를 못하는 것 같아 보이기도 했다.

"우리는 얼마 정도 분담금을 내나요?"

"우리나라는 우리나라의 경제적 위상에 걸맞게 분담금을 내고 있습니다. 참고로 일본은 전체 국제연합 예산의 20퍼센트 정도를 담당합니다. 사실 엄청나게 많이 내고 있는 경우이죠."

"선생님, 미국과 국제연합이 서로 대립하는 경우는 어떻게 하죠? 제일 많은 분담금을 내고, 세계에서 가장 강력한 국가인데……. 그리고 국제연합은 다른 모든 나라의 대표로서 자격을 가지는데 서로 어떤 문제로 부딪칠 수도 있잖아요?"

"맞아요. 얼마 전 이라크 문제로 크게 부딪쳤습니다. 당시 국제연합 사무총장인 코피 아난이 미국의 결정에 반대했지요. 그리고 가장 막강한 힘을 행사하는 안전보장이사회 상임이사국 다섯 개 나라도 서로 의견을 절충하지 못했지요. 그 결과 미국은 9·11 테러에 대한 응징과 테러 지원국에 대한 전쟁을 선포하면서 자국과 친한 동맹국을 이용해 이라크 전쟁을 벌였어요. 물론 한국도 참전했고요."

"많은 사람들도 그렇지만 너무 어린 아이들이 죽던데……."

"길거리에 죽은 사람들이 나뒹굴고, 시신을 불에 태우고 그러던데……."

아이들은 텔레비전을 통해 눈으로 전달된 생생한 화면 속 장면을 서로 되뇌었다.

"전쟁은 절대로 일어나서는 안 됩니다. 인간을 가장 잔인하게 만들고, 가장 비참하게 만드는 것이 전쟁이에요. 살기 위해 어떤 수단과 방법도 가리지 않고 죄악을 저질러요. 그리고 그곳에는 도덕이나 양심, 정의, 자유, 관용 등 가장 인간다운 단어들이 무색해집니다."

"이야, 큰일이네. 사실 우리나라도 전쟁을 쉬고 있는 거잖아요. 전쟁의 가능성도 가장 크다고 하던데……."

"맞습니다. 우리나라도 굉장히 위험한 지역 중 하나입니다."

"어쩌죠? 우리나라가 강한 나라가 될 방법밖에 없군요. 아니면 국제연합이 제 역할을 다하든지……. 아, 그것도 있네, 미국과 우리는 동맹국이니 미국보고 지켜 달라고 하면 되겠네."

"어휴, 그래서 아까 선생님이 주한 미군이 한국에 있다고 했잖아!"

석훈이가 답답한지 은휘의 말을 비웃었다.

"선생님 생각에 국제연합이 설립 당시의 취지처럼 국가 간 전쟁을 막고 평화를 담당하는 국제기구로서 위상을 정립하기 위해서는 국제연합이 더 많은 권한을 행사할 힘을 가져야 합니다. 실제 국제연합은 산하에 수많은 국제기구를 가지고 많은 일을 하며, 국가 간 분쟁이나 군사, 무기, 교육, 의료, 노동, 경제 등의 문제 해결에 나서고 있습니다. 그리고 어떤 측면에서는 힘을 행사하고 있습니다. 그런데

■ 어린이 철학 교육 발표 자료

어린이 철학자:

어린이 철학 교육	분야	인간과 사회	형태	활동–발표
제10주제		절대자가 된다면 무엇을 할 것인가		

세상일은 자기 뜻대로 되지 않는다. 항상 머피의 법칙이 존재하는 것 같고, 이상하게 자기에게만 불행과 불운이 겹치는 것 같다. 가끔 이런 상상도 해 본다. 절대자가 되어 모든 일을 처리해 버리는 겐! 꿈만 같은 얘기다.

나라면 이렇게 <구상하기>

쉽지 않습니다. 강대국들과 대립하는 문제에서는 언제나 국제연합에 한계가 있습니다. 어느 나라도 손해를 보려고 하지 않습니다. 그러다 보니 사실 어떤 나라도 국제연합의 제재를 인정하지 않으려고 합니다. 국제연합의 권한이 그 자체로 막강하지 않는 한 단지 의사기구로서 대화하는 정도의 힘밖에는 없을 것 같아요."

"방법은 이거군요. 선생님, 국제연합이 슈퍼맨이 되는 겁니다."

명곤이의 말에 아이들은 배가 아프도록 웃었다. 선생님도 웃으면서 아이들에게 보고서를 한 장 나누어 주었다.

"그래, 요놈들 이번에는 신과 같은 존재가 되어 봐라!"

※

일주일 후 다시 어린이 철학교육 시간이 되었다. 이번 주제는 발표와 토론 형식으로 진행되는데 내용이 워낙 재미있어서 아이들의 관심이 이만저만한 게 아니었다.

아이들은 서로 먼저 발표하려고 큰소리로 이름을 외쳤다. 첫 말문은 "저~요!" 하며 큰 목소리를 지른 나대기 영수가 열었다.

"어제 집에서 아버지와 이 문제로 이야기하다가 문득 깨달은 것이 있습니다. 하늘에서 모든 것을 촬영하는 인공위성이 있어서 이것을 저에게 송신하면 저는 바다를 오염시키는 모든 일들을 영상과 사진으로 전부 공개할 예정입니다. 아마 바다가 훨씬 깨끗해지겠죠?"

"그렇지, 영수야! 완전범죄도 없어지지 않을까? 모두가 보고 있는데 어떻게 범죄를 저지르지?"

"이것도 되겠네. 조그마한 아이들이나 행동이나 판단이 느린 사람들은 사고당할 위험이 높은데 이것을 모두 하늘의 위성이 감지해 내는 거야. 그리고 사고가 나기 전에 사람들을 구해 내는 거야."

아이들은 영수의 의견에 덧붙여 이런저런 의견을 내놓았다. 이때 혼자서 무엇인가 열심히 적고 있던 우석이가 영수의 상상력에 문제가 있다고 지적했다.

"모든 것을 하늘에서 전부 안다는 것에 문제가 생길 수 있어요."

"뭐가 문제지요?"

"범죄는 아니지만 부끄러운 일들이 일어날 수 있습니다. 모든 사람이 다 감시하고 쳐다본다면 개인의 인권은 어떻게 되는 거죠?"

"부끄러운 일을 안 하면 되지……."

우석이의 말에 경쟁 상대인 민찬이가 계속 대꾸했다.

"이런 경우가 있어! 지나가는 사람이 자신도 모르게 길에 침을 뱉었어. 아주 우연히 말이야. 그런데 그 다음 날 모든 사람이 그것을 동영상으로 확인한다고 해 봐. 그 사람이 얼마나 부끄럽겠니?"

"그러니까. 처음부터 그런 나쁜 습관은 조심하고, 고쳐야지. 안 그래?"

"그러네. 자신이 고쳐야지."

우석이는 많은 아이들의 반대 발언에 눌려 더 이상 말을 할 수 없었다. 아이들은 저마다 교실 천장이나 창문을 보고 생각에 잠긴 표정이었다. 이때 한슬이가 다시 문제를 제기했다.

"얼마 전에 인터넷에서 본 것인데……. 구글의 사진 위성이 지구의 모든 것을 상세히 찍었는데, 그런 사진 중에 어떤 부부가 자신들의 집 옥상에서 수영복 차림으로 일광욕을 즐기는 사진이 인터넷에 올라왔어요. 그때 제목이 '비밀은 없다. 모든 것이 공개된다.' 이런 거였는데 많은 네티즌들이 문제를 제기하더군요. 사생활 침해라는 것입니다. 다른 사람의 개인적인 생활을 엿볼 수 있다는 것이죠."

"……."

"그거, 문제네."

"그러면 곤란한데. 나는 여름에 마당에서 팬티만 입고 샤워 자주 하는데……."

한슬이의 반박에 아이들은 다시 영수의 상상력에 문제가 있을 수 있다고 한마디씩 했다.

"저는 슈퍼맨이나 스파이더맨, 배트맨 등 월등히 뛰어난 인간이 되어서 경찰이나 국가가 하기 힘든 일들을 처리했으면 좋겠어요. 실제로 엄청난 사고나 자연재해를 겪으면 인간이 할 수 있는 일들이 한계가 있잖아요. 몇 년 전 태풍 매미가 왔을 때도 집채만 한 큰 파도가 마을을 휩쓸어 버렸는데, 어떻게 할 수조차 없었어요. 그때는 정말 만화 속 주인공들이 생각나더라고요."

몇 년 전 태풍 매미가 와서 마을 전체가 피해를 본 은휘였다.

"저는 국제연합의 절대적 사무총장이 되는 거예요. 왜 절대적이냐 하면요, 힘이 센 나라들이 많이 있잖아요. 그런 나라들도 꼼짝 못하게 할 정도의 힘을 가진 사무총장 말이에요. 그래서 전 세계에서 일어나는 전쟁 같은 경우 발생하기 전에 신고하도록 하는 거예요. 신고하지 않고 전쟁이 발발하면 먼저 침략한 쪽에 철저하게 책임을 물어 다시는 일어서지 못하도록 박살을 내놓는 거예요. 그럼 다른 나라를 침략하지 않겠죠. 그리고……."

재옥이의 말에 갑자기 재길이가 끼어들었다.

"전쟁 신고가 들어오면 전쟁하게 둘 거예요?"

"재길아! 다 들어 봐야지……."

재옥이가 눈을 흘기면서 재길이를 바라보았다.

"그래서 전쟁이 필요하다는 신고가 들어오면, 양 국가의 책임자와 주변 국가의 책임자를 불러 문제 발생 원인을 분석해 대처하는 거지요. 그래서 아예 전쟁이 못 일어나게 하는 거예요."

"그래도 힘센 나라가 말을 안 들으면 어떡하죠?"

"앞에 말했잖아요. 아주 힘센 국제연합 사무총장이라고. 국제연합 산하 특수군 및 경찰 그리고 국제연합 사무총장의 말 한마디에 움직일 수 있는 다국적 군대를 움직여 바로 제압하도록 하는 거지요."

"아! 그거 좋네. 꼭 그렇게 하도록 해라. 그런데 그 사람이 잘못된

제10주제 절대자 되어 보기

판단을 하면 어떡하지? 계속 독재도 하고 말이야…….”

"이번 철학의 주제가 '절대자 되어 보기'야. 절대자는 신이야. 오류를 범할 수 없지. 그리고 잘못된 판단을 할 수도 없어. 그리고 어차피 절대자니까 어떻게 할 수도 없지. 명령에 따라야지. 왜? 절대자니까. 세계만 평화로우면 되잖아. 안 그래?"

아이들은 전부 이런저런 이유로 절대자가 되기를 원했다. 그런데 은빈이의 상상력 때문에 문제는 이상한 방향으로 흘렀다.

"저는 이런 상상을 해 보았어요. 터미네이터 같은 인공지능 로봇을 개발하는 거예요. 그런데 그 로봇이 전 세계의 전장을 누비면서 전쟁을 못하도록 막는 거예요. 저는 그 로봇을 조종하고 말이죠. 아마 노벨 평화상은 제가 탈 거예요. 히히히."

공학박사가 꿈인 은빈이가 웃으면서 자신의 생각을 말했다.

"아니! 전쟁이 아예 처음부터 못 일어나게 만들면 되지, 뭐 하러 로봇을 개발하고 전쟁터에 뛰어드냐?"

"그러네. 전쟁이 안 일어나면 되지."

"민찬, 석훈, 또 세트구나. 전쟁이 안 일어날 수는 없어."

"왜? 전쟁이 안 일어나면 안 일어나는 거지."

"인간이기 때문에 안 일어날 수 없어."

"왜? 설명해 봐."

민찬이와 은빈이가 서로 맞짱 토론을 벌였다.

"인간은 누구나 자신의 욕심이나 욕망이 있어. 손해 보려고 안

해. 그래서 서로 다투지. 안 싸울 수가 없는 거야."

"싸우기 전에 서로 대화하고 화해하면 되잖아?"

"이 바보야. 이게 친구 사이 일이니? 지하자원이나 물 문제, 영토 문제 등 자원 부족이 문제야. 서로 양보 안 하려고 그래. 국민은 살아야 해. 그럼 어떡해? 전쟁이 나는 거지. 너는 일본에게 독도 양보할 수 있냐?"

"독도는 대한민국 땅이라고 증거와 자료를 찾아 보여 주고 일본을 꼼짝 못하게 하면 되지."

"일본이 그런 증거나 자료를 모르니? 알고도 자기네 땅이라고 하잖아. 저번 사회 시간에 선생님이 말했잖아. 국제사회의 분쟁은 결국 힘으로 해결되는 경우가 많다고……."

"……."

사회에 관심이 많고 사회만은 반에서 최고라고 생각했던 민찬이는 은빈이의 공격에 결국 아무 말도 하지 못했다. 독도 문제가 나왔으니 선생님은 이 문제에 관해 한마디 해야겠다고 생각했다.

"독도 문제는 여러 가지 경우가 깔려 있는 것 같네요. 역사적 증거나 사례, 자료 등을 보면 우리나라 영토가 맞아요. 그런데 지금 만주 지역을 보세요. 이 지도에서 만주 지역은 지금 누구의 영토인가요?"

"중국이요."

"그렇지요. 중국 땅이지요. 그런데 옛날 우리 고조선이나 고구려,

발해 등 우리 선조 국가의 땅이었다고 돌려달라고 하면 중국이 어떻게 할까요. 외교 분쟁이 시작되겠지요. 그러다가 국가의 자존심이나, 민족문제 등이 얽히고설켜 전쟁이 일어날 수 있지요."

"그럼 선생님은 독도가 우리 땅이 아니라는 것입니까? 그리고 중국의 동북공정도 옳은 거네요."

한슬이가 선생님의 문제 접근에 바로 이의를 제기했다. 중국의 동북공정과 독도 문제가 서로 앞뒤가 맞지 않다고 본 것이다.

"그래, 한슬이가 깊이 있게 보았네요. 중국이 현재 진행하고 있는 동북공정은 우리 선조들의 역사적 유물과 유적을 자신의 역사로 편입하려는 시도지요. 당연히 우리로서는 반대해야지요. 그리고 국제 사회와 공조해 우리 역사의 일부로 만들어야지요. 그런데 현재 그 땅은 중국 땅입니다. 그래서 중국이 그 땅에서 일어난 과거의 역사와 현재의 역사도 자기들 거라고 하는 거지요. 우리로서는 대응할 방법이 마땅치 않아요. 현재 중국은 대한민국 사람들의 현지 방문을 부분적으로만 허용하고 있습니다. 정치와 외교력으로 해결해야겠지요."

"그럼, 선생님 말씀대로라면 독도 역시 우리 마음대로 해도 되겠네요."

은빈이가 말했다.

"그게 '실효적 지배'라는 겁니다."

"실효적 지배요?"

아이들은 '실효적 지배'라는 말을 궁금해했다.

"지금 만주 땅은 중국 국적으로 되어 있어요. 왜냐, 중국 영토 안에 있고 실제적으로 중국이 지배하고 있기 때문이죠. 그게 '실효적 지배'라는 거예요. 실제로 지배하고 있다는 거지요."

"아, 그럼 독도도 우리 경찰이 지키고 있으니 실효적 지배가 성립되네요."

"영수도 잘 보았네요. 독도는 현재 우리 땅이지요. 그런데 이 실효적 지배라는 게 상당히 위험하지 않을까요?"

"선생님, 실효적 지배라는 것이 바뀔 수 있잖아요. 힘센 나라가 약한 나라의 땅을 빼앗듯이……."

"그렇지! 야, 오늘 너희들 똑똑해 보이는구나. 그래서 각 나라마다 국방력을 강화하는 겁니다. 국제사회에서는 정의라는 것이 상황에 따라 변하기 때문이지요. 만약 일본이 우리나라와의 국제분쟁으로 독도를 침략했을 때, 그리고 전쟁이 벌어져 독도 문제가 대두했을 때 실효적 지배권이 일본으로 넘어갈 수 있다는 것입니다."

"우우, 그럼 안 되지!"

"그래, 여러분이 열심히 공부하고 공동체 전체의 이익을 위해 다 같이 노력해야 하는 이유입니다. 그게 애국이고 애향이지요. 물론 더 좋은 것은 애국을 넘어 모든 세계시민이 평화와 진리, 정의, 자유, 평등으로 뭉치는 거지요. 이게 유토피아지요. 전 인류의 희망사항이 이 유토피아의 건설 아닐까요?"

그날 오후 선생님은 은휘의 글을 보고 마음이 따뜻해졌다.

제목 : 화타 같은 의사

우리 할아버지는 결국 돈이 없어 늦게 수술을 받다가 돌아가셨다.
좀 더 빨리 서울의 큰 병원으로 가셨더라면……, 삼촌과 고모들이 더 부자였더라면
할아버지는 10년은 더 사셨을 것이다. 너무 늦게 수술을 받는 바람에 간이 전부
상했다고 했다. 얼마나 아프셨을까? 그래도 나를 위해 예쁜 꽃을 선물로
남기고 가셨다. 할아버지는 가족과 오래오래 행복하게 사셔야 했다.
아버지는 그런 할아버지가 너무 불쌍해서 며칠 동안 계속 울고만 계셨다.
할머니는 요즘도 할아버지 무덤가어 가서 소주 한 잔을 올리고 내려오신다.
나는 절대적인 의사가 될 것이다. 수술도 하지 않고 바로 그 사람의 얼굴과 손,
발만 보면 병명을 알 수 있는 화타 같은 의사 말이다. 그래서 간단한 처방으로
병을 다 낫게 해 버리는 것이다. 돈이 없어 병원에 못 가는 사람들, 돈 있어도
병을 못 고치는 사람들을 포함해 모든 이들이 아프지 않고 행복하게 병을
이겨 내도록 하는 의사가 될 것이다.
그리고 교통사고를 당해 신체의 많은 부분이 손상되었지만 다시 재생시키는
기술도 가진 의사가 될 것이다. 신체 일부가 손상되거나 없어지면 온전한 사람이
될 수 없다. 아마 평생 불구로 살 수도 있을 것이다. 그런 사람들을 위해 완벽한
신체 재생 기술을 가진 의사가 되어야 한다. 사람은 누구나 행복하게 살
권리가 있다. 부자든 가난한 사람이든, 힘 센 사람이든 약한 사람이든,
아프지 않고 가족과 같이 행복하게 살아야 한다.

유쾌하고 재미있는 괴짜 철학자들

스승을 제자로 만든 철학자, 비트겐슈타인

비트겐슈타인은 '말할 수 없는 것에 대해 침묵할 것'이라는 명제를 내놓았습니다. 그는 과학적 언어로 세계를 완벽하게 그려 낼 수 있다고 주장했던 20세기 최고의 언어분석철학자입니다. 그가 전쟁에 참전하면서 쓴 『논리-철학 논고』는 유럽 철학계를 발칵 뒤집어 놓았습니다. 그는 책의 머리말에 '모든 철학의 문제는 해결되었다.'라고 썼습니다.

비트겐슈타인(1889~1951).

오스트리아에서 부유한 철강왕의 아들로 태어난 그는 러셀의 『수학의 원리』를 읽고 충격을 받습니다. 러셀의 수하에서 철학과 수학을 공부한 그는 스승의 추천으로 케임브리지 대학교 교수가 되지만 교수직을 '죽어 있는 생명체'라고 비판한 후 초등학교 교사로, 정원사로 전전합니다. 게다가 그의 많은 재산을 전부 사회에 기부하거나 지인들에게 나누어 주고 자신은 가구 하나 없는 방에서 수도자 같은 생활을 합니다. 당시 혁명의 나라였던 소련의 집단농장에서 노동자가 되기 위해 소련에도 건너갔습니다. 거기서 그는 모스크바 대학교 교수로 재직하라는 스탈린의 요청을 단번에 거절해 버립니다. 다시 케임브리지로 돌아왔을 때, 그의 스승이었던 러셀과 무어는 비트겐슈타인의 강의를 단 한 자도 헛듣지 않는 제자가 되었습니다.

비트겐슈타인에게 있어 최고의 일화는 같은 고향 사람이면서 유대인이었던 젊은 칼 포퍼라는 철학자와의 논쟁입니다. 케임브리지 대학교 도덕과학클럽에 연사로 초청된 포퍼는 철학적 문제가 실재한다고 주장하면서 비트겐슈타인의 철학을 문제삼았습니다. 이에 격분한 비트겐슈타인은 화로의 부지깽이를 들고 '도덕적 규범의 예'를 하나 들어 보라고 칼 포퍼를 위협합니다. 그러자 포퍼는 '초청 연사를 부지깽이로 위협하지 않는 것'이라고 맞받아칩니다. 이에 격분한 비트겐슈타인은 부지깽이를 내팽개치고 자리를 박차고 나가 버립니다.

이웃에게는 관대하면서도, 자신에게는 너무나 엄격한 기준을 요구한 그는 1951년 62세의 나이로 "아주 멋진 삶을 살았다고 전해 달라."라는 유언을 남기고 세상을 떠났습니다.

철학 수업을 모두 마친 아이들은 해수욕장에 놀러가자고 난리다. 7월 초 지세포의 한낮은 후덥지근했다.

"교장 선생님 허락받기가 쉬운 게 아냐."

"논리적으로 타당하게 잘 말씀드려 보세요."

영수의 농담에 아이들은 낄낄거리며 웃었다. 어린이 철학 교육의 목적을 선생님에게 강요하고 있는 것이다.

"그렇지, 논리적으로 타당하게. 거기다가 사려 깊게……. 하하하."

"이놈들. 수영은 안 되고 숲에 놀러 가자. 계곡에 발도 담그고……."

"그렇죠! 현장체험학습, 아니지 탐구학습!"

"민물 게랑 가재 잡으러 가죠."

선생님은 5, 6교시 과학과 체육 시간을 학교 앞산 생태학습으로 돌려 아이들과 야외 수업을 나갔다. 거제는 아직도 깨끗한 편이지만, 특히 지세포 지역은 정말로 깨끗하다. 옥녀봉에서 흘러내리는 계곡물은 7월인데도 발이 시릴 정도로 차가웠다.

오늘 교실 어항은 게와 가재, 붕어, 피라미 등으로 가득해졌다.

다음 날 교실에서 아이들의 비명 소리와 왁자지껄 떠드는 소리가 온 학교에 울려 퍼졌다. 민물 게가 전부 어항을 탈출한 것이다. 아이들은 민물 게들이 자유를 찾아 떠났다고 입을 모았다.

초딩, 철학을 말하다

펴낸날	초판 1쇄 2012년 2월 27일
	초판 6쇄 2014년 6월 30일

지은이	김철홍
펴낸이	심만수
펴낸곳	(주)살림출판사
출판등록	1989년 11월 1일 제9-210호

주소	경기도 파주시 광인사길 30
전화	031-955-1350 팩스 031-955-1355
홈페이지	http://www.sallimbooks.com
이메일	book@sallimbooks.com

ISBN	978-89-522-1737-0 73100

※ 값은 뒤표지에 있습니다.
※ 잘못 만들어진 책은 구입하신 서점에서 바꾸어 드립니다.